D1726695

ALFONSINA STORNI

Reproducción fotográfica:
Filiberto Mugnani

JOSEFINA DELGADO

ALFONSINA STORNI

Una biografía

PLANETA
Mujeres Argentinas

Colección: Mujeres argentinas

Director: Félix Luna

Investigación y edición fotográfica:
Marisel Flores
Graciela García Romero
Felicitas Luna

Diseño de cubierta: Mario Blanco

Diseño de interiores: † Carlos M. Gari

Segunda edición: noviembre de 1991

Agradecimientos

La investigación de las circunstancias de una vida personal tropieza, en nuestro país, con una desventaja inicial: no hay tradición ninguna de conservar documentos personales, cartas, diarios íntimos, manuscritos y otros materiales. Más aún, hay cierta jactancia en relación con la desaparición de estos materiales a manos de herederos de algunas figuras destacadas.

En el caso de Alfonsina, todavía hay aspectos y épocas de su vida que pueden ser profundizados. Cada biografía tiene un límite, y el de ésta ha sido la exigencia del tiempo.

Quiero agradecer, en primer lugar, la generosidad poco común de Julieta Gómez Paz, autora de un conocido estudio sobre la poesía de Alfonsina Storni, editado por Losada, y que me facilitó no sólo su visión personal de la autora citada, sino también un valioso archivo de recortes de época, gracias al cual este trabajo se matizó de detalles a los que nunca hubiera podido por mi cuenta, y dado el precario estado de hemerotecas y bibliotecas, llegar. Otras personas e instituciones tomaron muy en serio mis necesidades —¿cómo no sorprenderse de esta generosidad?— y a ellas les expreso mi agradecimiento: Humberto De Luca, María Ester de Miguel, Alejandro Storni, Graciela Cabal, Antonio Requeni, Haydée M. Ghío, Ida Vilariño, Ida Vita-

7

le, Julia Prilutzky Farny, Lucía Gálvez de Tiscornia, Eduardo Cárdenas, Horacio Armani, Oscar Hermes Villordo, María Sofía Kusrow, May Lorenzo Alcalá, Iris Rossi, los bibliotecarios María del Carmen Marituto y Alejandro Parada, de la Academia Argentina de Letras, los amigos uruguayos de Alfonsina, Julio Bayce y Nilda Müller, que con su cordialidad convirtieron una búsqueda difícil en una amistad, la bibliotecaria Erlinda Ramos, de la Biblioteca Nacional de Montevideo, Amelia Bence, Berta Singerman, y la inapreciable colaboración del profesor y poeta Enrique Fierro, que organizó en su ciudad, Montevideo, una verdadera red que favoreció mi investigación allí.

Material fotográfico: Cortesía Archivo General de la Nación y señor Julio Bayce. Asesoramiento gráfico: Carmen Piaggio.

JOSEFINA DELGADO
Buenos Aires, septiembre de 1990.

*Crezco como un
animalito*

I

Es en el año mil ochocientos noventa y ocho. Cerca de la cordillera de los Andes, en la ciudad de San Juan, una chiquita de unos seis años se acerca a los vidrios de un comercio. No sabe muy bien qué hacer. De pronto, se le ocurre una idea y entra. Habla un momento con el dependiente, seguramente vestido de guardapolvo gris, le pide un libro de uso escolar, y cuando lo tiene en sus manos pregunta por un juguete. Mientras el hombre lo busca en la trastienda, entran otros chicos. La chiquita sale corriendo con el libro en la mano.

Se llama Alfonsina, y no es una desconocida en la pequeña ciudad de provincia. Su familia, los Storni —el padre de Alfonsina y varios hermanos mayores—, hasta hace poco tiempo ha sido destacada y próspera. Hace seis años, Alfonsina nació muy lejos, en otro lugar rodeado de montañas. Sala Capriasca, en el Cantón Ticino. Alfonso y Paulina, los padres, vinieron de Suiza, casados y jóvenes, a San Juan. Allí vivieron varios años, nacieron sus dos hijos mayores, Romeo y María, y luego volvieron a su país.

Pero ahora están otra vez en San Juan, con una hija más. Y las cosas no van bien para la familia. Si la chiquita de nariz respingada y carita sonrosada y redonda no pudo comprar su libro de lectura y tuvo que robarlo, quizás fue porque no había dinero en la casa, o porque en la cabeza

11

de sus padres, absorbidos por otras urgencias, no hubo lugar para esta necesidad. En su recuerdo, Alfonsina cuenta que cuando los dueños del comercio revelaron el robo a las autoridades del colegio ella lloró y aseguró que había dejado el dinero en el mostrador.

Este episodio habría de marcar a Alfonsina. No sabemos si los padres intervinieron en su favor, para aclarar el episodio o para respaldar lo dicho por la chica, pero éste es el primero de los acontecimientos en los que Alfonsina aparece —¿se muestra?— huérfana de toda protección. Lo cierto es que ella necesitó y deseó el libro, y los adultos no pudieron satisfacerla. Con mucha gracia, Alfonsina, al contar este episodio, llamará "lo pirateado" al objeto del robo.

Años después Olimpia, su media hermana, suaviza las circunstancias y muestra a la madre enferma, en cama, y al padre ocupado en atender las necesidades familiares. Minimiza la conducta de Alfonsina y transforma el episodio en una travesura sin importancia. Lo es, sin duda, pero también es la evidencia de ese corte que siempre existirá entre Alfonsina y sus protectores naturales o posibles. Y para ella ese corte, muchas veces provocado por su necesidad de sentirse todopoderosa, germinará en un poema, que no tiene valor sino como testimonio biográfico:

Tenía entonces diez años
Robaron algún dinero
De las arcas de mi madre.
Fue un domingo... ¡Lo recuerdo!

Se me señaló culpable
Injustamente, y el reto
Que hicieron a mi vergüenza
Se me clavó aquí, ¡muy adentro!

Recuerdo que aquella noche
Tendida sobre mi lecho
Llegó un germen de anarquía
A iniciarse en mi cerebro.

Pero volvamos atrás. La historia de los Storni no es la de todos los inmigrantes. Cuando llegan a la provincia de San Juan en 1880, los tres hermanos Storni —Angel, Pablo y Antonio—, provenientes de Lugano, Suiza, vienen con el capital suficiente como para fundar una pequeña empresa familiar. En 1885 tienen una sólida posición económica. Han instalado la primera fábrica de soda de la provincia, y más adelante fabricarán hielo, una verdadera novedad para la época. Años después, las botellas de cerveza etiquetadas "Cerveza Los Alpes, de Storni y Cía", circularán por toda la región. Por eso, cuando Alfonso, el menor de los hermanos, llegue con su bonita mujer luego de casarse en Lugano, habrá grandes posibilidades de progreso para el matrimonio.

Paulina Martignoni tiene dieciséis años cuando se casa con Alfonso. Como corresponde a una niña suiza de clase media ilustrada, conoce todas las habilidades femeninas: borda, pinta a la acuarela y al óleo, ha estudiado música y canto, pero también, tiene un título de maestra. Después sabremos que, además, sus dotes naturales la inclinaban hacia el teatro, y que seguramente no tuvo ocasión, o sus familiares no lo propiciaron, de acercarse a esta actividad. No se conocen otros datos familiares, sino los que la misma Paulina, en el año mil novecientos treinta y nueve, cuando las necrológicas de su hija se cansen de aludir a su "oscuro origen", ofrecerá en una carta dirigida al director de la revista *Mundo Argentino*.

Este es un testimonio valioso no solamente por los datos que aporta, sino principalmente porque permite valorar la atmósfera cultural en la que creció Alfonsina, y las razones por las cuales se sintió, ella también, orgullosa de sí misma, segura a pesar de sus dificultades. En el momento de escribir la carta Paulina tiene setenta años y se da el gusto de salir de una oscuridad a la que, no sabemos por qué, la tiene sometida su hija. Y en su carta hay un lenguaje que, si bien es correcto y muy culto, revela las dificultades de un extranjero obligado a hacer uso permanente de una lengua que no es la suya. Hay una cita de Dante que habla de una cultura general no común en una mujer de la época, y una frase que se transforma en su retrato: "Publicaré los verdaderos informes sobre el tan zarandeado origen y el lector que desee cerciorarse puede dar un paseíto a Lugano (Suiza), donde hallará quien se lo confirme".[1] Publicaré quiere decir, por supuesto, "daré a conocer" o "aclararé". Pero el tono desafiante habla a las claras del carácter de esta mujer que, para ejemplo de su hija Alfonsina, no se dejó vencer por las circunstancias adversas.

La carta sigue: "Alfonsina Storni, por los dos costados, materno y paterno, luce un origen envidiable, y de unas razas que si no fueron ricas en dinero, lo fueron en talento e inteligencia. Por mi parte, tengo un hermano sacerdote, un tío poeta, un primo hermano que fue ministro de gobierno por muchos años, dos tíos abuelos, uno ingeniero y el otro escultor, que residían en Bolonia, y con ellos pasé mis primeros años". Luego se refiere con el mismo énfasis a la familia Storni, y destaca que el abuelo paterno "era un hombre inteligentísimo, que tanto sabía manejar la azada como la pluma. La abuela, mi suegra, era una mujer como hay pocas. Tuvo dos hermanos sacerdotes, una hermana maestra, un sobrino médico y toda ella era un roble, recia y orgullosa". La carta conmueve, en medio de su ingenua soberbia, porque la despedida alude a una relación que no sabemos si fue de mucha ternura y comunicación pero que fue, finalmente, la de una madre y una hija: "Que duerma en paz mi amada muerta y que el genio y las musas aleteen sobre su tumba".

Paulina, tan orgullosa de su prosapia de pequeñoburguesa suiza, mira a los dieciséis años con ojos asombrados desde una foto en la que su carita redonda, recuerda a la de Alfonsina. Pero las plumas y flores de su tocado hablan no solamente de la coquetería femenina propia de los finales del siglo diecinueve, sino también de aspiraciones de lucimiento personal difíciles de concretar en la provincia argentina. Por entonces, Paulina recibe de su marido un valioso regalo, el hermoso piano de cola que, luego de pagar por él nada menos que la suma de quinientos pesos, la acompañará en sus tertulias. Todos la llaman la pequeña Patti, luego que un invitado que viene de Buenos Aires la compare con la entonces célebre soprano Adelina Patti. La sociedad sanjuanina se reúne en la casa de los Storni —destruida por el terremoto de 1945, cuando hacía ya muchos años que los Storni la habían dejado—, y dicen que hasta va el gobernador. Y la joven señora, que en mil ochocientos ochenta y siete y mil ochocientos ochenta y ocho ha dado a luz a sus hijos Romeo y María, invita también a algunos de los músicos y actores de las compañías que llegan en gira.

Seguramente no era común que las señoras de provincia fueran tan activas socialmente, tan elegantes y tan protagonistas de sus propias reuniones, y se desliza de este testimonio recogido por Conrado Nalé Roxlo y Blanca Mármol, primeros biógrafos de Alfonsina,[2] la sensación de que la personalidad y actitudes de Paulina provocaron envidia y resquemor. Pero en medio de este dorado esplendor, la joven de veintiún años empieza a comprender que a su marido le ocurre algo que no sabe a qué atribuir. Alfonso tiene veintinueve años, es el más joven de los hermanos, y parece haber perdido todo interés por el manejo de los negocios. Desaparece durante días, da como pretexto la búsqueda de unas minas de plata, pero lo cierto es que si alguien insiste con alguna pregunta, Alfonso estalla y asusta a su interlocutor. Luego viene algo peor, la bebida. Ya se hace evidente que una inexplicable melancolía invade a Alfonso y le impide vivir en paz. Los médicos aconsejan un viaje, y la pareja se dispone a partir, en el año 1891, junto con sus dos pequeños hijos, hacia esa Suiza donde quizá esté la clave de la tranquilidad de Alfonso.

El largo viaje en barco sin duda fue una tregua. Paulina dirá, una vez muerta su hija, que fue un viaje de placer. Otros opinan que la amenazante ruina familiar los llevó otra vez a su patria a buscar nuevos recursos. Alejandro

Storni cuenta que, durante la larga travesía, su abuela tiraba al mar la lencería usada. ¿Cómo habrá sido la estadía en Suiza? Lo cierto es que duró varios años, más de cinco. La dimensión del tiempo por aquella época nada tenía que ver con nuestra febril medida actual. Un viaje que duraba meses tenía que justificarse con una estadía que equilibrara el tiempo invertido.

Pero lo cierto es que tantos años en Suiza permiten pensar en una vida sin un rumbo muy claro. En 1892, en Sala Capriasca, donde se alojaban en casa de unos familiares, el 29 de mayo nació Alfonsina, la tercera hija del matrimonio Storni. Algunos dicen que nació el 22 y la anotaron el 29. Otros, que nació en el barco, en altamar. Bautizada en la parroquia de Tesserete, puede leerse hoy, en el margen del acta de bautismo, una inscripción del padre Osvaldo Crivelli: "Grande poetese morta al mar della Plata". Llevó el nombre del padre, de un padre melancólico y raro. Más tarde le diría a su amigo Fermín Estrella Gutiérrez: "me llamaron Alfonsina, que quiere decir dispuesta a todo".

Llamarse como el padre siendo la tercera hija, y mujer, no es un detalle sin importancia. ¿Por qué no se llamó Alfonso el primogénito? ¿Quizás le pusieron ese nombre shakespeariano por las veleidades teatrales de Paulina? Alfonsina aprendió a hablar en italiano, en un lugar que luego recordaría poco, y sus primeros recuerdos son de San Juan, adonde la familia vuelve en 1896. "Estoy en San Juan, tengo cuatro años; me veo colorada, redonda, chatilla y fea. Sentada en el umbral de mi casa, muevo los labios como leyendo un libro que tengo en la mano y espío con el rabo del ojo el efecto que causa en el transeúnte. Unos primos me avergüenzan gritándome que tengo el libro al revés y corro a llorar detrás de la puerta."[3] Otra vez los libros, otra vez el fingimiento infantil.

Años más tarde, en un reportaje, Alfonsina recordó con gracia otros episodios de su niñez. "Mi primer contacto con el público, dijo, tuvo lugar en la Escuela Normal de San Juan, donde tomaba parte con frecuencia en sus fiestas infantiles. Declamar, cantar, representar comedias, fue lo primero que, artísticamente, realicé. Recuerdo, como índice de mi carácter, una escena de aquella escuela. Había yo bajado del escenario donde acababa de ser muy aplaudida, y mi profesora me encontró llorando detrás de una puerta. Al requerirme el motivo, recuerdo que le respondí: 'Lloro porque pude hacerlo mejor y no lo hice'."

"Poco tiempo después debuté en mis aficiones literarias con una composición que para mí fue un gran motivo de angustia. Creo que estaba por el segundo grado inferior, y la profesora me había explicado algo acerca de la fusión racial de los indios con los españoles durante la conquista. Hice la composición sobre ese tema, y cuando me la pidieron no quise leerla; tenía la sensación de haber entrado en un tema poco apto para mi edad... para mi edad de entonces. Sentía vergüenza y angustia por lo que había escrito. Ante los mandatos insistentes de la profesora tuve que leer mi trabajo, y sus elogios debieron ser calurosos, porque recuerdo que mi angustia se trocó en alegría."[4]

Otros recuerdos provienen de la pluma de Olimpia Perelli, la hermana menor de Alfonsina, hija del segundo matrimonio de Paulina. Le han llegado a través de ésta y se publican en una revista femenina en el año 1950.[5] Por lo tanto no pudieron ser aprobados ni corregidos por Alfonsina, pero, aun exagerados o alterados, dan una idea de la personalidad de una niñita que se sintió y fue percibida como poco común.

Paulina la inscribió en el Jardín de Infantes, según cuenta Olimpia, cosa que no había hecho con ninguno de sus hijos, para ver si así encauzaba su carácter díscolo y original. Se la recuerda como a una chica inteligente y preguntona, a la que no era sencillo satisfacer con explicaciones generales. Por esa época empieza a mentir. Inventa, por ejemplo, que su familia tiene una quinta en las afueras de la ciudad —este recuerdo es de la propia Alfonsina— e invita a ella a sus maestras, confiando en que la inocente mentira no tendrá consecuencias. Y la descubren cuando las maestras se lo comentan a la madre, y ésta no sabe cómo reprenderla y enseñarle a no mentir. O la sutil diferencia entre mentir e imaginar. Otras veces, Alfonsina inventa celebraciones que no existen e invita a la casa personas de su relación, ante el desconcierto, nuevamente, de la madre.

Todo esto ocurre en una ciudad provinciana de fines de siglo, en un país tan al sur que cuesta creer que esta familia suiza lo haya elegido para aclimatar aquí a su familia. Si bien los recuerdos suelen carecer de rigor objetivo, y llevan el sello del tiempo transcurrido y de la personalidad ya constituida del que los registra, en estas primeras imágenes de la infancia de Alfonsina hay sin duda un denominador común: la autonomía de una chica voluntariosa, que sabe lo que quiere, su afán de impresionar a los demás y la extrema sensibilidad ante el juicio ajeno.

II

El tema de las mentiras puede ser fácilmente asociado a la conflictiva relación de Alfonsina con su padre. Ausencias, ebriedad, cóleras, y finalmente incapacidad para sostener a su familia, deben haber sido motivos suficientes para hacer de la vida familiar algo pesado de sobrellevar. Y las mentiras, una manera de evadir esa pesada realidad. Ese hombre, que a los treinta años está terminado, quizás hundido en lo que hoy se denomina clínicamente depresión, tuvo que marcar sin duda la vida de sus familiares más cercanos. Todos los proyectos del grupo, aun desde antes del nacimiento de Alfonsina, están signados por el estado psíquico de Alfonso. El viaje a Suiza, la vida en San Juan desde 1896 hasta 1900, y la decadencia mayor, hasta su muerte ocurrida en el año 1906, cuando Alfonsina apenas tiene catorce años.

De los años en San Juan sabemos poco más. "A los siete años aparezco en mi casa a las diez de la noche acompañada de la niñera de una casa amiga adonde voy después de mis clases y me instalo a cenar."[6]

Este testimonio habla no sólo del abandono de la niña, sino también de la desintegración del hogar, y cuando años más tarde lo recuerde al padre en su poesía, será en dos momentos diferentes. Uno, para fijar su imagen de hombre huraño y malo. Otra, para acercarse a él al filo ya de una muerte buscada. En el primero de ellos, recoge lo que ha oído contar:

> De mi padre se cuenta que de caza partía
> cuando rayaba el alba, seguido de su galgo,
> cuenta mi pobre madre que, como comprendía,
> lo miraba a los ojos y su perro gemía.
>
> Que andaba por las selvas buscando una serpiente
> procaz, y al encontrarla, sobre la cola erguida,
> al asalto dispuesta, de un balazo insolente
> se gozaba en dejarle la cabeza partida.
>
> Que por días enteros, vagabundo y huraño,
> no volvía a la casa, y como un ermitaño,
> se alimentaba de aves, dormía sobre el suelo.
>
> Y sólo cuando el Zonda, grandes masas ardientes
> de arena y de insectos levanta en los calientes
> desiertos sanjuaninos, cantaba bajo el cielo.

("A mi padre")

Melancolía, crueldad y un poco de locura es la imagen de este hombre tan ligado a la naturaleza, aparentemente sin otro intercambio. La segunda mención lo une a otro muerto querido, Horacio Quiroga, y a ambos con los primeros recuerdos infantiles:

> —¿Con Horacio? —Ya sé que en la vejiga
> tienes ahora un nido de palomas
> y tu motocicleta de cristales
> vuela sin hacer ruido por el cielo.

—¿Papá? —He soñado que tu damajuana
está crecida como el Tupungato;
aún contiene tu cólera y mis versos.
Echa una gota. Gracias. Ya estoy buena.

Iré a veros muy pronto; recibidme
con aquel sapo que maté en la quinta
de San Juan ¡pobre sapo! y a pedradas.

Miraba como un buey, y mis dos primos
lo remataron; luego con sartenes
funeral tuvo, y rosas lo seguían.

("Ultrateléfono", *Mascarilla y trébol*, 1938.)

Aquí el diálogo imaginado es de ultratumba, y encierra la promesa de reunirse pronto. Pero, además, hay una clave que asocia la damajuana de vino del padre, fuente de sus cóleras, con los versos de Alfonsina. Pero algo más. ¿No se parecen acaso Horacio y el Alfonso del poema? Selva, serpiente, el balazo en la cabeza del animal, la cólera, esa melancolía incurable que persiguió a Quiroga hasta su final, y que enturbió su vida familiar y la marcó, también, con el signo del suicidio. Juntarlos en el poema de la muerte, pedirles que la esperen, fantasearlos juntos en el más allá, es, sin duda, un mecanismo significativo que los homologa, que los iguala.

Alfonsina ha tomado de esta imagen masculina forjada en el dolor los elementos que la llevarán a luchar con su destino, a vivir a contrapelo de la sociedad. Porque su madre, que también fue luchadora e intrépida tiene, en la poesía de Alfonsina, la marca del llanto, y Alfonsina nunca llora.

Dicen que silenciosas las mujeres han sido
de mi casa materna... Ah, bien pudiera ser...
A veces en mi madre apuntaron antojos

de liberarse, pero se le subió a los ojos
una honda amargura, y en la sombra lloró...

Seguramente esta madre que llora es de la época que precedió al traslado a Rosario, y de los duros años que siguieron. En 1900 nació el último de los Storni, Hildo Alberto, el hermano del que Alfonsina sería la madrecita. Y en 1901, al comenzar el siglo, todos —los padres, Romeo, María, Alfonsina y el bebé— se trasladan, con las pobres pertenencias, lejos ya el derroche del viaje a Europa, a la ciudad de Rosario, en ese entonces próspero puerto del litoral.

Se terminó la libertad de la tierra sanjuanina, desaparecieron los primos que eran una compañía anónima pero fuertemente impregnada de solidaridad en las aventuras. Se perdió, para siempre, ese paraíso infantil al que siempre se vuelve para buscar lo que no se tiene y se añora. Allí, el hombre fue ese padre amenazador cuya cólera inexplicable deja huellas en el poema. Y las huellas van más lejos, porque cuando se esbocen los primeros versos y se espere un amor reparador, aparecerá otra alusión a la primera figura:

Aguardo dos manos que no maten pájaros.
Si llegan, la puerta se abrirá sin llave.

("En silencio", *El dulce daño*, 1918)

III

El tránsito fue difícil. La prosperidad de los otros Storni no decrecía, pero Alfonso, este hombre alucinado, no puede manejar ya nada. Paulina hace lo que puede; no hay datos del hermano mayor, Romeo, que por esa fecha ya tendría catorce años, y se desconoce si llevaron algunos ahorros. No había un propósito claro, y el viaje más bien parece una huida, porque la actividad que emprenden podrían haberla llevado a cabo en San Juan. El recurso que les queda es abrir una pequeña escuela domiciliaria, en la que la maestra es Paulina, esta mujer que de los mimos de su familia suiza ha debido pasar a ser la cabeza de una familia numerosa, pobre y sin timón. Los alumnos pagan, según consignan los testimonios, un peso con cincuenta cada uno, y llegan a ser alrededor de cincuenta. Setenta y cinco pesos al mes no es una cifra que proporcione una vida holgada.

Alfonsina probó la desolación de la pobreza, y no pudo seguir yendo a la escuela. Lo que molestaría a su presente de chica postergada sería el recuerdo de la abundancia, por eso las mentiras recrudecen. "A los ocho, nueve y diez años miento desaforadamente: crímenes, incendios, robos, que no aparecen jamás en las noticias policiales. Soy una bomba cargada de noticias espeluznantes; vivo corrida por mis propios embustes, alquitranada en ellos; meto a mi familia en líos, invito a mis maestros a pasar las vacaciones en una quinta que no existe; trabo y destrabo; el aire se hace irrespirable; la propia exuberancia de mis mentiras me salva. En la raya de los catorce años abandono."[7]

¿Por qué a los catorce años? Volvamos para atrás. En Rosario ya el padre resultaba una presencia problemática en exceso; la bebida era su único refugio y nadie podía sacarlo de allí. Sin embargo, en la casa alquilada, Alfonso se despierta una mañana con un plan que parece viable: instalar un café cerca de la estación Sunchales, el acceso norte a Rosario, en la esquina de las calles Mendoza y Constitución. Un lugar óptimo si se piensa en la circulación de los viajeros. Y la familia se traslada a las modestas habitaciones que tiene el local en la trastienda.

Este es el comienzo del tránsito de Alfonsina por los trabajos que sólo sirven para comer. En el "Café Suizo" de sus padres —triste manera de llevar el desarraigo hasta los vidrios de un pobre comercio suburbano—, Alfonsina oficia de lavaplatos y atiende las mesas, a los diez años. La fecha de instalación del café es incierta, pero ya en 1904 la experiencia se considera fracasada y Alfonsina, con su madre y hermana, comienza a coser "para afuera", como se decía en esos años en que la costura era una de las armas de las mujeres decentes y pobres. ¿Por qué cierra el "Café Suizo"? No cuesta mucho imaginárselo. Alfonso no estaba para negocios, y mucho menos para los que no conocía. En San Juan, como socio de sus hermanos, la cosa era sencilla. Pero Rosario, con cuatro hijos y un café... Parece que el pobre hombre se sentaba en una mesa a emborracharse hasta que salía el sol y alguno de sus hijos, seguramente Romeo, lo arrastraba a la cama. Paulina debió sufrir todas las humillaciones del mundo, hasta que cerraron el negocio y se fueron a otra casa, la tercera de Rosario, en la que moriría Alfonso y se casaría María, con un novio del que no sabemos ni siquiera el nombre.

Cuando muere, Alfonso tiene apenas cuarenta y cuatro años, dos menos que los que tendría su hija cuando elige ir a reencontrarse con él. Pero en ese año de 1906 Alfonsina tiene catorce, y ahí se interrumpen, según su propia confesión, las mentiras que enredaban su vida. También empieza, como una nueva forma de liberación, a escribir versos. Milagrosamente, en la sordidez de un territorio tan alejado del consuelo de la cultura, la niña mentirosa y traviesa comienza a juntar palabras, buscando armonizar sonidos y sentidos. ¿Qué es esta locura de refugiarse en un lenguaje nuevo y propio, en una torpe manera de pasar el tiempo? ¿O de negarse a que las cosas negras de su presente se apoderen de la conciencia dejándola inerme, como el hombre que se emborrachaba detrás de las vidrieras empolvadas del "Café Suizo"...?

Al recordar sus comienzos literarios, hay una amarga tristeza en Alfonsina: parece que su veleidad no era muy oportuna. Las obligaciones de cada uno de los miembros de la familia no permitían emplear el tiempo en algo tan inútil como la poesía. "A los doce años escribo mi primer verso. Es de noche; mis familiares ausentes. Hablo en él de cementerios, de mi muerte. Lo doblo cuidadosamente y lo dejo debajo del velador, para que mi madre lo lea antes de acostarse. El resultado es esencialmente doloroso; a la mañana siguiente, tras una contestación mía levantisca, unos coscorrones pretenden enseñarme que la vida es dulce. Desde entonces los bolsillos de mis delantales, los corpiños de mis enaguas, están llenos de papeluchos borroneados que se me van muriendo como migas de pan."[8]

¿Qué leerían los Storni? Seguramente libros en italiano, viejos libros arrastrados en los viajes como un testimonio de la vida pasada, esos libros en los cuales se buscaría una sabiduría que permitiera seguir adelante. Cuando Paulina escribe su carta abierta explicando los orígenes de Alfonsina, la cita de dos versos de Dante da a sus palabras un marco de prestigio cultural. *La Divina Comedia* se leería a la luz de las lámparas de kerosene, en los momentos de descanso, cuando la adversidad resultara difícil de remontar. O más lejos todavía, allá en San Juan, cuando las tertulias vieron reinar la fresca belleza de la vivaz Paulina.

En 1919, el diario *La Capital*, de Rosario, promueve un concurso literario al que Alfonsina manda un poema que resulta rechazado. En el poema narra un episodio en el que una Alfonsina de apenas once años se dirige en la mañana de invierno a su trabajo y al pasar, encuentra en un cajón carcomido un ejemplar de *La Divina Comedia* de Dante, "Y por las calles, yo, la miserable, / fui con el sucio libro sobre el pecho. / Era la hora en que las otras niñas / entraban al colegio / con sus trajes azules, con sus libros / limpios y nuevos." Años después, ya muerta la autora, el poema se publica en *La Capital*,[9] con una nota preliminar de Félix Molina Téllez. La anécdota sigue, en el poema y en el recuerdo de Alfonsina y de su hermana Olimpia, con un final terrible. Alfonsina leía de noche y se quedó dormida. El libro cayó de sus manos y, al tomar contacto con el fuego de la vela se incendió, quemando las ropas de Alfonsina y de su hermano Hildo. Paulina llegó a tiempo para apagar las llamas, y Alfonsina, dolida por la pérdida de su tesoro, se escondió a llorar en un rincón.

El cuento tiene demasiado sabor a aquellas anécdotas que se atribuyen a los próceres y que tienden a demostrar qué laboriosos y esforzados fueron en su infancia, y cómo desde pequeños persiguieron el objetivo que dio sentido a sus vidas. En el caso de Alfonsina, no se necesita de anécdotas de esta clase para corroborar todo lo dicho.

Volviendo a las lecturas, cuando la familia viaja a Europa, precisamente en el año en que nació Alfonsina, Grazia Deledda, una poeta que luego merecerá el premio Nobel, publica *Fior de Sardegna*, su primer libro. La Deledda tiene algunos aspectos en común con Alfonsina. Principalmente novelista publicó su primer libro alrededor de los veinte años. Alfonsina muere en el 38. Grazia en el 26, diez años después de haber obtenido el premio Nobel, casi a la misma edad que la poetisa argentina. Quizás leyeran también los Storni el libro de Ada Negri aparecido en 1893, *Fatalita*. Cuando los poemas de Alfonsina sean traducidos al italiano, Ada le enviará una foto suya a la autora, con una dedicatoria que las hermana: *Alla mia sorella armoniosa*. En 1913 se filmó una novela de la Deledda, con Eleonora Duse como protagonista; se llamaba *Cenizas*, pero es difícil que Alfonsina, a pesar de su gusto por el cine, haya podido verla o enterarse de su existencia.

Estas dos mujeres, escritoras de su lengua materna, podrían figurar como madrinas simbólicas de Alfonsina, o por lo menos, trasmisoras de una retórica de época que compartió con ellas. Otros libros circulaban por aquellos años, escritos por autores argentinos, como *Las montañas del oro*, de Leopoldo Lugones, que podría haber aportado a la mentalidad tempranamente despierta de esta chica la percepción del paisaje, o *Las misas herejes*, de Evaristo Carriego, con esos poemas donde siempre hay un personaje. Pero es difícil imaginar las razones más oscuras, las que hacen que en un hogar donde las urgencias son otras, de pronto una niña, sin motivos muy claros, sea apasionadamente atraída por el juego de las palabras.

Luego de hacer de lavaplatos en el "Café Suizo", Alfonsina ayuda a su madre con la costura, y la madrugada las sorprende muchas veces con la máquina de coser —quién sabe cómo llegaron a poder comprarla—, y el hermanito ayuda con las entregas. Alfonsina pone en su hermanito muchos de los cuidados que ella no recibió, y se ocupa de acompañarlo a la escuela y de revisar sus cuadernos.

Una foto de 1905 los muestra a los dos, Alfonsina sentada en un delicado silloncito de mimbre, de aquellos que a principios de siglo adornaban la galería de las casas, y junto a ella el chico, con cara de asombro. El ineludible y decoroso trajecito de marinero, una media ligeramente caída, testimonio del descuido que acompaña a los hijos menores de las familias numerosas y modestas. Hildo se parece a Alejandro Storni. Alfonsina, vestida de blanco, tiene un aire de señora que no corresponde a sus trece años, y que no tendrá más adelante, porque corresponde a la seriedad de comienzos de siglo. Busto erguido, un brazo apoyado en el sillón, el otro sobre la falda sosteniendo un ramito de flores blancas. Los bucles parecen haber sido prolijamente armados para la fotografía. Si bien el cuerpo se ve armoniosamente desarrollado, el rostro lleva el sello ambiguo de la temprana adolescencia, la redondez de la infancia que se va. ¿A quién miran los dos hermanos? ¿Quién está del otro lado de la máquina, exigiendo una expresión, señalando la necesidad de permanecer erguidos? Podría ser Paulina; esta compostura que oculta el innegable drama familiar se debe sin duda al ímpetu conservador de Paulina.

Olimpia Perelli, la hermana, años después revela la verdad de la foto. Una tarde, Alfonsina vistió a su hermano impecablemente y peinó con mayor esmero sus bucles ceniza. Salió misteriosamente con el chico. Todos pensaron que iba a dar una vuelta por la plaza cercana. Pero al volver, contó muy orgullosa su hazaña: la fotografía en lo de un fotógrafo del barrio. Unos años después, en una de sus apostillas, dirá con humor que, "cuando una señorita de catorce años es retratada sentada con su hermano de pie, éste cumple la función de una columna de adorno".[10]

Pronto las cosas cambian un poco con la muerte de Alfonso. Es el año 1906, no sabemos si el padre enfermó o agravó su estado, y este lento suicidio precipitó su desenlace. Alfonsina ha madurado, María no vive ya con ellos, y la familia, reducida a cuatro de sus miembros, tendrá un nuevo estatus, precario pero sostenible.

A Alfonsina no le gusta el trabajo en su casa. Rinde poco dinero y hay que estar encerrada sin más compañía que la madre y hermanos, cuando están. Mientras tanto, fuera pasa la vida. Joven como es, empieza a buscar nuevos horizontes, y encuentra empleo como obrera en una fábrica de gorras. Es en lo de un judío de barba rabínica, y Alfonsina se destaca en el grupo de muchachas por su sentido del humor. Algo que la acompañaría toda su vida. También dicen que por esa época se la vio repartiendo volantes en algún primero de mayo, que sería anarquista. Y es que ya sabía de lo duro que es querer ser de otra manera y no tener al alcance los medios, a una edad en que su educación se reducía a los conocimientos recibidos de Paulina, y esto restringía sus posibilidades de ganarse la vida de otra manera que no fuera el trabajo manual.

IV

Por aquellos años, el país presentaba una consolidada imagen de pujanza económica, ya que se perfilaba en el comercio internacional como proveedora de carne y cereales, pero las luchas sociales tomaban un perfil cada vez más concreto. Rafael Barrett, un militante anarquista español que llegó a Buenos Aires en el año 1903, y murió en Paraguay siete años después, describe con imágenes dramáticas la realidad de la calle en las grandes ciudades:

"Chiquillos extenuados, descalzos, medio desnudos, con el hambre y la ciencia de la vida retratados en sus rostros graves, corren sin aliento, cargados de 'Prensas', corren, débiles bestias espoleadas, a distribuir por la ciudad del egoísmo la palabra hipócrita de la democracia y del progreso, alimentada con anuncios de rematadores. Pasan obreros envejecidos y callosos, la herramienta a la espalda. Son machos fuertes y siniestros, duros a la intemperie y al látigo. Hay en sus ojos un odio tenaz y sarcástico que no se marcha jamás."[11]

Esta es la base de la prédica anarquista, por la cual se sentiría atraída Alfonsina. Claro, no condice con otras. Cuando Rubén Darío, que vive en Buenos Aires por los años del Centenario escribe su "Canto a la Argentina", en él dice: "¡Argentina: tu día ha llegado!". Entre los dos extremos George Clemenceau, un visitante del Centenario, trata de ser más objetivo: acumulación de la riqueza en unas pocas manos, desequilibrio poblacional que convierte a Buenos Aires y Rosario en los centros superpoblados del país, una incipiente estructura educacional que permitirá la integración de la masa de inmigrantes a un proyecto nacional, es decir, común. La opinión de Alfonsina puede leerse en unos versos publicados después de su muerte: el "Canto a Rosario".

Cuando era adolescente, allá en tu negro puerto
vi los bosques cargados bajo aquel peso muerto.
(...) Ciudad donde naciera, precoz, la rima mía.
Quizás nació mirando cómo el ágil navío
perdíase en las nieblas grisadas de aquel río.
Iba a lejanas tierras, que yo jamás vería,
porque era miserable. Para vivir cosía.

En 1907 llega a Rosario la compañía de Manuel Cordero, un director de teatro que recorría las provincias con su pequeña compañía. Va a representar, porque es Semana Santa, los cuadros de la Pasión. Paulina Martignoni toma contacto con la compañía y le asignan el papel de María Magdalena. El teatro era una verdadera pasión para Paulina, y pudo haber conocido al director en algún viaje anterior a Rosario, o muchos años atrás, cuando vivía en San

Juan. Cuentan algunos amigos de Alfonsina que, cuando Paulina ensayaba sus parlamentos, su hija, ya de quince años, la observaba con ojos encendidos. Paulina, al ver a su hija que se probaba el vestido negro hecho para la escena, le dijo a Manuel Cordero por qué no cambiaba de actriz y tomaba a la jovencita en su lugar. Parece que don Manuel, que ya había reparado en el interés de la chica y en sus condiciones, pudo advertir, sin embargo, que el papel le quedaba todavía grande, no así a la señora de treinta y ocho años.

Pero el azar estuvo, una vez como muchas, del lado de Alfonsina. Dos días antes del estreno, y en un clima que seguramente sería de trabajo a presión, se enfermó la responsable de interpretar a San Juan Evangelista. ¿Cómo resolver esta situación apremiante? Alfonsina, desde un rincón, está dispuesta a solucionar el problema. Sabe de memoria todos los papeles y no le importa hacer de hombre. Nadie podrá impedirle la infinita satisfacción de oír su voz multiplicada por el silencio absorto de la sala, ni el orgullo reverencial con el que se viste la túnica romana y las sandalias del personaje. Tampoco, la enorme alegría de leer al día siguiente del estreno, y cuando los aplausos todavía son un recuerdo maravilloso, la crónica que el diario local publica, pareciera, sólo para elogiar su actuación.

Claro, después de las escasas representaciones hay que volver a la oscuridad de la vida cotidiana, y para Alfonsina esto quiere decir la pobreza de su casa y el trabajo en la fábrica. Pero la realidad resulta menos amarga cuando se ha podido arañar, aunque sea fugazmente, el brillo de una vida mejor. Sobre todo, de una vida en la que *ser* tenga el sentido de una elección. Por eso cuando interviene otra vez el azar y visita Rosario la compañía de don José Tallaví, el viejo amigo que en San Juan vio actuar a Paulina y la comparó con las mejores artistas de la época, Alfonsina sabe ya que su vida no va a reducirse a los estrechos límites de una ciudad de provincia ni a las paredes de una fábrica de gorras o de lo que sea. Seguramente estos quince años fogosos de Alfonsina llevaban el germen de un deseo muy consciente: trasmitir a los otros, en forma de arte, todas sus sensaciones, todo su inconformismo, todas sus ganas de vivir.

Paulina y su hija deben haber hablado del futuro, y ya no está Alfonso, con su melancolía, para frenar, probablemente, los proyectos artísticos de Paulina. La entrevista con don José se produce, y éste queda sorprendido por la facilidad de la joven para recitar largos parlamentos en verso... Quizás las obras de Eduardo Marquina, o algunas otras del género chico español, que mantenían viva la llama del teatro por las olvidadas ciudades de provincia. Lo cierto es que le ofrece un papel en su compañía, y Alfonsina se va, dejando atrás la casa de Rosario, con su familia, y años más tarde le hablará a su madre desde un poema, diciéndole:

> No las grandes verdades yo te pregunto, que
> No las contestarías; solamente investigo
> Si, cuando me gestaste, fue la luna testigo,
> Por los oscuros patios en flor, paseándose. (...)
> Porque mi alma es toda fantástica, viajera,
> Y la envuelve una nube de locura ligera
> Cuando la luna nueva sube al cielo azulino.
>
> Y gusta, si el mar abre sus fuertes pebeteros,
> Arrullada en un claro cantar de marineros
> Mirar las grandes aves que pasan sin destino.

("Palabras a mi madre")

Alfonsina viaja durante todo un año, y recorre Santa Fe, Córdoba, Mendoza, Santiago del Estero y Tucumán. Después dirá que representó *Espectros*, de Ibsen; *La loca de la casa*, de Pérez Galdós, y *Los muertos*, de Florencio Sánchez. Resulta difícil imaginarse a una chica de solamente quince años en medio de un grupo de desconocidos, entablando con ellos relaciones de trabajo, y sobre todo, aprendiendo todos los secretos, por simples que fueran en una compañía como aquella, de la actuación teatral. Tiene que haber habido en la muchacha una gran intuición y un gran tesón, que hicieron posible esta experiencia. Para Alfonsina el teatro sería siempre un camino, y si no como actriz, volverá a él como autora de obras infantiles y para todo público, y en sus clases.

No hay muchos detalles de este año de gira, pero sí algunos fragmentos de cartas de Alfonsina dirigidas al filólogo español don Julio Cejador,[12] al que en su correspondencia hace un resumen de algunos momentos de su vida. Refiriéndose a esta época, le dirá: "A los trece años estaba en el teatro. (Las fechas no coinciden.) Este salto brusco, hijo de una serie de casualidades, tuvo una gran influencia sobre mi actividad sensorial, pues me puso en contacto con las mejores obras del teatro contemporáneo y clásico (...). Pero casi una niña y pareciendo ya una mujer, la vida se me hizo insoportable. Aquel ambiente me ahogaba. Torcí rumbos...". Luego, en un reportaje de la revista *El Hogar*, contará que al regresar escribió su primera obra de teatro, *Un corazón valiente*, de la que no han quedado testimonios.[13]

Si fue dura la experiencia para Alfonsina, ésta supo tomar las decisiones necesarias para no quedar prendida indefinidamente en aquella vida que califica de insoportable. Al volver a Rosario se encuentra con que su madre no vive más allí, sino en un pueblito del departamento santafecino de Iriondo llamado Bustinza. Se ha casado con Juan Perelli, el tenedor de libros de Colulom y Bussi, y ha vuelto a abrir su escuelita domiciliaria, para ganarse la vida dignamente junto a su nuevo marido. Con él tendrá otros hijos, y poco sabemos del rumbo que tomó la nueva familia, pero lo cierto es que seguramente para Paulina se inició una vida de paz, de cierta módica seguridad, luego de las aventuras de su temprana juventud, que incluyeron algo tan importante y audaz como el viaje a Sudamérica.

Alfonsina llegó a la estación de Cañada de Gómez el 24 de agosto de 1908, y desde allí la llevó hasta Bustinza José

Martínez, en su *break* con capota,[14] con el que transportaba la correspondencia, puesto que todavía el correo no llegaba al pueblo. Esa misma noche va a una fiesta en la casa del juez de paz, don Bartolomé Escalante, ya que es el día de su santo. Se hace amiga de algunas jovencitas del lugar, va de visita, anda a caballo. Sus amigas son Petrona Pereira y Rafaela Ramírez,

Va con ellas en sulky al campo de los Anselmi, y allí entretiene a todos con sus recitados. De pronto, durante una de sus actuaciones, se pone a llorar y todos se asustan. Cuando alguien se le acerca, lo recibe con una carcajada. Su afán de actuación la lleva a jugar así con su público.

En la casa alquilada por Paulina, frente a la plaza, Alfonsina juega al tenis con otra amiga, Prima Correa, hija de la dueña de casa, y como no tienen raquetas se valen de unas enormes alpargatas negras. También fuma, escondida con Rafaela en el galpón del fondo, cigarrillos de chala. Paseos, fiestas vecinales, celebraciones religiosas la tienen como protagonista privilegiada. Además ayuda a la madre en la escuela e introduce las clases de recitado y las de buenas maneras. Amalia Medina, una de sus alumnas, dirá que era "muy fina en su porte, en su bailar y en su mímica. Era delicada y cariñosa". Pero también hay testimonios de algunos días melancólicos, en los que Alfonsina se encierra en sí misma o, más expansiva, canta canciones tristes y dolientes.

Alfonsina hubiera podido, como su madre, acogerse a esta nueva vida, seguir oficiando de maestra, aunque sin título, y casarse a los veinte años con un natural de Bustinza, al que hubiera acompañado en su búsqueda de una vida mejor. No fue así, tal vez porque, como ella misma lo dirá, su alma es "toda fantástica, viajera". Claro, si Paulina viajó a los dieciséis años acompañando a su marido, también Alfonsina cruzó el inmenso mar a los cuatro, y resulta difícil resignarse a la quietud de un pueblito mediterráneo. Además, la chica comprende, con sentido adulto poco común, que no basta con la intuición y el sentido artístico, que no está preparada para mantenerse, sino que también es necesario llenar formalidades como la de conseguir un título. Habrá hecho sus averiguaciones, pero lo cierto es que, a principios de 1909, la tenemos en la ciudad vecina de Coronda.

V

La carrera de maestra rural duraba dos años. El 8 de marzo de 1909, por iniciativa del ministro José María Naón, fueron inauguradas, con asistencia del ministro de Instrucción Pública de Santa Fe, don Juan Arzeno, las aulas de la Escuela Normal Mixta de Maestros Rurales de Coronda. El número de alumnos de ambos sexos inscriptos para ingresar a primer año era reducido. En el registro figura anotada "Alfonsina Storni, 17 años, suiza". Olimpia Perelli cuenta otros detalles: "Amistades de casa, entre ellas una inspectora de escuelas que también había reparado en la capacidad de Alfonsina y tenía la certeza de que no la defraudaría, le gestiona con anterioridad, por esto, un puesto de celadora que le permitiría ayudarse a costearlos. Las autoridades de Coronda, sin saber de quién se trataba, confirmaron el nombramiento asignándole un sueldo de cuarenta pesos". Veinticinco pesos le costaba la pensión, y con los quince restantes tenía que arreglárselas. Usaba un uniforme azul de alpaca, había llevado la ropa interior necesaria, y solamente tenía que gastar en medias, que por aquella época costaban alrededor de un peso. La situación económica no era, entonces, tampoco esta vez, muy holgada.

Se hospedó en la casa de la señora Mercedes Gervasoni de Venturini, hermana de la directora de la Escuela Normal y esposa del comisario. Comparte su habitación con otras dos jóvenes. Otros hablan de una beca de treinta pesos concedida por el gobierno de la provincia por gestiones realizadas por el diputado Mardoquio Contreras.

Aunque Alfonsina no tiene los certificados de escolaridad primaria, se la acepta por su entusiasmo. La directora, la señorita Gervasoni, dice años más tarde: "El examen que rindió no satisfizo a la mesa, pero era necesario ser complacientes. La escuela acababa de fundarse y necesitaba alumnos. Por otra parte habíamos descubierto en Alfonsina un afán de surgir, de sobresalir, de ser algo. Estudiaba afanosamente; leía mucho. Era alegre, jovial, comunicativa".[15]

Frente a otras perspectivas de vida, frente a la indudable imposibilidad de salir adelante sin el apoyo o las facilidades cuya inexistencia hace que tantas inteligencias se desperdicien, resulta absolutamente conmovedor ver a esta jovencita que resuelve por sí misma, y afronta todas las contingencias, y sale indemne en su energía luego de haber fregado copas en un bar, cosido para afuera, trabajado en una fábrica de gorras, viajado por el país como actriz de reparto y ahora, como si toda su vida hubiera quedado borrada por el presente, vuelve a reírse a carcajadas junto a sus compañeras, mientras en las manos sostiene un libro que la sorprende o la deleita.

Hay muchas historias de hombres de fortuna que fueron fogoneros, maquinistas de tren, mozos de café, mineros, para conseguir finalmente una apabullante fortuna; no conocemos muchas historias de mujeres similares, y menos con el objetivo de conseguir otros bienes distintos del dinero. La relación de Alfonsina con su familia sigue siendo de una gran distancia, y sabemos que ella, para poder escribir, roba los formularios del Correo.

Durante este primer año de su estadía en Coronda, se ganó un lugar sobresaliente en la comunidad escolar. Su profesora de Idioma Nacional, Emilia Pérez de la Barra, la estimulaba a trabajar porque había descubierto en ella condiciones de escritora. La secretaria del colegio era una escritora santafecina, Carlota Garrido de la Peña. Carlota tuvo la idea de publicar un boletín del colegio, que reflejara todas las actividades no sólo escolares sino también del lugar. En el número dos aparece la crónica de las actividades realizadas en Coronda con motivo del Centenario, y así nos enteramos de que la alumna maestra Alfonsina Storni cantó una romanza "con voz dulce y sentimental". Los números cuatro a siete del boletín publican un trabajo leído en una conferencia sobre temas pedagógicos, celebrada todos los sábados por los alumnos de segundo año. Se trata de un nuevo método de enseñar aritmética en los primeros grados.[16]

En la fiesta de fin del primer año, Alfonsina actuó como protagonista de la obra teatral *Conspiradores incautos*, del doctor Zenón Rodríguez. Por esos días, en la lejana Buenos Aires el anarquista Simon Radowitsky tira una bomba sobre el carruaje del jefe de policía, Ramón L. Falcón, y lo mata junto con su secretario. La república se mueve entre contradicciones, y comienzan los preparativos para festejar el primer centenario de la independencia. Ese verano de 1910 Alfonsina lo pasó en Bustinza, se reencontró con sus amigas, jugó con su hermano Hildo, le contó a su madre las cosas nuevas que estaba conociendo, paseó por los campos sembrados, y finalmente volvió a Coronda.

Allí retomó los estudios, y comenzó un nuevo hábito: viajar todos los fines de semana. Se supone que a Bustinza. Y la gente empieza a murmurar. ¿Por qué Alfonsina se va todos los fines de semana, si antes no lo hacía? Claro, extrañará a su familia, hace ya un año que vive lejos de ella... Pero ¿le alcanza el dinero que gana para tanto viaje? Y si lo gasta todo en viajes, ¿para qué trabaja? O mejor dicho, ¿por qué su familia no le da dinero para que no tenga que trabajar? Las conjeturas son muchas, hasta que alguien descubre que la familia Perelli vive en Bustinza, y Alfonsina pasa sábado y domingo en la ciudad de Rosario.

Si las señoras que vigilaban la conducta de sus hijas clamaban por una mayor claridad, la oportunidad se les presentó muy pronto. Y aquí comienza uno de los episodios de la vida de Alfonsina que habría de poner a prueba la capacidad de comprender de los otros y también, su propia capacidad de resistir los juicios ajenos, cuando éstos eran adversos. Para festejar el aniversario de la batalla de San Lorenzo, las autoridades escolares organizan un festejo en las barrancas del Paraná, y luego de haber cumplido con todas las formalidades alguien le pide a Alfonsina que cante. Esta, feliz de ser una vez más reconocida en sus aptitudes, sube al tablado adornado con banderas argentinas y canta la "Cavatina" de *El barbero de Sevilla*, de Rossini. Le piden un bis, las canciones se suceden hasta que alguien aprovecha un silencio para concretar la sospecha que a todos invadía: esta muchacha es la misma que canta los domingos en Rosario, en un lugar de fama incierta. Todos murmuran, algunos la señalan, otros se ríen. No sabemos si Alfonsina reaccionó, tampoco si la mayoría de la gente tomó partido por el chismoso e injuriante acusador, pero sí que el episodio tuvo consecuencias.

Claro, había que volver desde San Lorenzo a Coronda, y seguramente la experiencia teatral de Alfonsina, aunque reciente, sirvió para fingir que nada de lo sucedido la había afectado. Pero al reflexionar sobre las consecuencias del episodio, solamente una respuesta se abrió paso en su conciencia: escaparse, no volver a enfrentarse con la trabajosa tarea de sobrevivir. ¿Por qué nadie la respaldaba? ¿Por qué la orfandad era su condena, en vez de ser un sinónimo de libertad? ¡Si tuviera un padre que se ocupara de ella todo sería diferente! Y quizás esa falta de padre la estaba empujando por caminos poco convenientes... En medio de estas confusas sensaciones, que imaginamos difíciles de analizar en un momento así, Alfonsina llega a la casa donde se aloja y sólo tiene fuerzas para borronear una nota: "Después de lo ocurrido no tengo ánimo para seguir viviendo. Alfonsina".

A la hora de la comida, todos esperan que venga Alfonsina. Al ver que tarda demasiado, la esposa del comisario se precipita en su cuarto y encuentra la nota, luego de golpear la puerta en vano. Nos imaginamos lo que sigue. La noticia se difunde y la familia entera, acompañada de algunos vecinos, sale de la casa, rumbo a las barrancas. Es de noche, no hay luna, y resulta difícil ubicar algún rastro. ¿Puede ser Alfonsina aquella mancha blanca que no se mueve, sobre aquella piedra? El comisario se acerca con cautela, teme asustar a la muchacha, y al llegar a ella descubre que está llorando. La conforta palmeándole la espalda y Alfonsina se calma. Aliviados, todos vuelven al pueblo.

Parece que Alfonsina no tardó, esa misma noche, en recuperar su humor. Poco a poco fue haciéndose cargo de la situación, del susto de los otros, y así como se dejó llevar por la desesperación, resuelve que no vale la pena sino burlarse de un episodio nimio como el ocurrido en San Lorenzo. Se ríe otra vez como siempre, quizás con algo más de amargura, y al día siguiente vuelve a la escuela como si nada hubiera pasado. Y no interrumpe sus viajes de los fines de semana.

La escena de Alfonsina junto al río no puede dejar de asociarse con su final treinta años después, y resulta claro que en su naturaleza estaba presente el combate entre la idea de seguir y la de entregarse. Ambas, con la fuerza que dan las contradicciones, el dolor sufrido desde chica, las marcas que la vida restringida y difícil dejan en cualquiera. Y este episodio, que podría haber sido solamente el exabrupto adolescente de alguien que quiere destacarse, leído desde el futuro, cambia su significado.

Ese año, al terminar los cursos, Paulina Martignoni de Perelli viaja hasta Coronda para asistir a la entrega de los diplomas. En el programa de la fiesta de fin de curso figuran tres poemas de Alfonsina, uno de ellos recitado por alumnos de Jardín de Infantes, y titulado "Un viaje a la luna". El tema planetario estaba a la orden del día, porque ese año se había visto el cometa Halley, que despertó mucho miedo y hasta algunos suicidios. Luego, Alfonsina canta el brindis de *La Traviata*, de Verdi. El boletín *Adelante* dice que se trata de una deliciosa *dilettante*, y que fue "ovacionada por su pura vocalización". Antes de irse, dedica a la directora, María Margarita Gervasoni, un poema que se llama "El maestro", con la dedicatoria "a mi inteligente y noble directora". Es una poesía ingenua y juvenil, y empieza con una encendida advocación:

> Maestro que del lodo hasta la cumbre·
> Levantas a la plebe embrutecida
> Para cantar lo heroico de tu vida
> No bastan de mis cuerdas el laúd.

Y una nota fúnebre, totalmente inesperada, en la mitad de la composición:

> ¡Oh! ¡tú maestro que en luchar profundo
> Descansas solo allí en el ataúd!

Años más tarde, al escribirle a una vieja amiga de Coronda, Alfonsina dice: "El recuerdo de Coronda y los seres que allí amé, es para mí toda una evocación de juventud, de esperanzas, y de horas en que creí en el porvenir. No dan los tiempos, por lo general, calor suficiente al corazón para que este olvide. Al contrario, mientras más fácil parece todo, externamente, más quiere el alma acercarse a los viejos afectos. Pero he pasado horas muy duras, que ojalá no se repitan (...). Más de una vez he soñado con ella (con la escuela), con su edificio, para mí nuevo, cuando la idea de un viaje por el interior se mezclaba en mis proyectos".[17]

Ese verano en Bustinza es un verano preparatorio para otra vida. Calma, lecturas, algo de escribir, otra vez largos y sedantes paseos, seguramente charlas con las amigas y con la madre, y sobre todo, los proyectos. ¿Cómo vería Alfonsina su futuro? ¿Entraba en sus cálculos publicar un libro? ¿Habría conocido ya algunos escritores rosarinos? Porque la meta es Rosario, el puerto, la ciudad, tremenda por su mezcla social, los marineros que visitan las zonas marginales, pero también centro de difusión de ideas, circulación de periódicos, revistas literarias. No sirve, para Alfonsina, enterrarse en algún pueblo a languidecer, o perpetuar hasta el infinito el ámbito de celebración cultural propio de las fiestas de fin de curso. Por suerte su padrastro consigue para ella un puesto de maestra en una escuela elemental, la número 65. Y se vincula a dos revistas literarias, *Mundo Rosarino* y *Monos y Monadas*. Allí aparecen sus poemas durante todo ese año, y si bien no hay testimonio de ellos, sí sabemos de otros publicados al año siguiente en *Mundo Argentino*, y que tienen resonancias hispánicas.

En esa época, el hispanismo era considerado elegante, ya que la generación del 80 había centrado su xenofobia en los inmigrantes italianos y, el conflicto de la identidad no estaba —como no lo está todavía— resuelto. De modo que los primeros poemas de Alfonsina tienen una lejana resonancia de los españoles Campoamor, Núñez de Arce o Marquina. Porque Rubén Darío, el innovador y creador del modernismo, que por esos años vivía en Buenos Aires y escribía en el diario *La Nación*, no había llegado todavía a las clases medias ilustradas, sino que llegaría después, con poemas tales como " ¡Ya viene el cortejo!" o "Los motivos del lobo".

En este ambiente de modesta bohemia literaria conoció Alfonsina a su primer amor, un hombre de familia conocida, casado, que llegó a ser diputado provincial, que además ejercía el periodismo y tenía aficiones literarias.

VI

Nos la imaginamos viviendo otra vez en pensión, distribuyendo el dinero con precisión de equilibrista y sintiéndose, por qué no, la dueña del mundo. Diecinueve años, escritora de versos absolutamente consciente de su actividad, que publica en *Mundo Rosarino* y *Monos y Monadas* sus primeras composiciones. Tendría muchas amigas, y allí conoció sin duda a Juan Julián Lastra, el poeta que la conectó con los escritores de Buenos Aires, y de quien fue amiga hasta su muerte.

Su estadía en Rosario transcurrió en medio de conflictos

políticos y sociales que no la tuvieron como espectadora indiferente. En abril de ese año, 1911, la provincia de Santa Fe había sido intervenida por el gobierno de Sáenz Peña, y el interventor, doctor Anacleto Gil, había prometido llamar a elecciones. La Unión Cívica Radical quería garantías ya que la ley de sufragio universal y obligatorio sería aprobada recién al año siguiente. Con este motivo, el 30 de julio se realiza un importante acto en la ciudad de Rosario, centro de la agitación que reclamaba intervención y elecciones en todas las provincias.

Era el comienzo de un ciclo histórico que concluiría el 6 de septiembre de 1930 con la revolución del general Uriburu y la primera dictadura militar, y Alfonsina era un testigo, que además se beneficiaría del clima de crecimiento cultural y educativo que se implantaría en el país. Todas las instituciones de las que ella participó, los establecimientos escolares en los que enseñó, forman parte de una sociedad que quiere el sufragio universal, pero además, prepara a los ciudadanos para que pueda ejercerlo con conocimiento. Alfonsina en esta época tenía ideas socialistas, y cuando empiece la Guerra Mundial manifestará su repudio a la invasión de Bélgica. Por ahora está trabajando en Rosario y escribiendo sus primeros poemas.

Precisamente en ese mes de julio tan alborotado debió haber sido engendrado el hijo, algo tan valioso para Alfonsina, y que debió cambiar el rumbo de su vida. Parecería, sin embargo, que no hubo nada de dramático en este decidir, como creemos que lo decidió, ser madre soltera. En una época en la que —y ella misma lo experimentó en Coronda—, cualquier transgresión de las normas morales imperantes, por mínima que fuera, se pagaba cara. Epocas en las que los hijos ilegítimos eran ocultados celosamente, o disfrazados los parentescos. La medida de este episodio transcendente la da el hecho mismo de que durante la vida de Alfonsina nunca apareció mencionado el hijo, ni mucho menos entre las causas que pudieron haber motivado el viaje a Buenos Aires.

Lo cierto es que, como dice Nalé Roxlo, "no hubo engaño". Alfonsina supo que había un impedimento legal, pero por lo visto el amor pudo más, y quizás también el extremo idealismo, la necesidad de vivir plenamente una relación que para ella debió significar mucho. Varios años mayor que ella, el hombre quizás encontró no solamente el indudable atractivo de una juventud distinta sino también la posibilidad de un diálogo con una mujer joven cuyo sentido de la libertad individual debió ser poco frecuente. Si Victoria Ocampo, perteneciente a la clase social más elevada y poderosa de la Argentina, tuvo que renunciar a ser madre por no poder casarse con su amado, Alfonsina, pobre, orgullosa y trabajadora pudo resolver a solas con su conciencia un problema por el cual muchas otras mujeres han visto sus vidas frustradas o descompensadas.

No conocemos los detalles: cómo lo supo, a quién se lo confió, qué conversaciones tendría con el padre. Tampoco sabemos si hubo, por parte de éste, voluntad de reconocerlo y darle su apellido. Alfonsina aparece en esto, como un rasgo de su personalidad, resolviendo a solas, sin refugiarse en ninguna amistad o consejo. También influyeron en este cerrado silencio las presiones sociales, como años más tarde diría su amiga Berta Singerman: una maestra soltera y con un hijo era algo seguramente escandaloso. Fueron estas presiones las que hicieron que Alfonsina, al terminar el año escolar, renuncie a su empleo y viaje para instalarse en Buenos Aires.

Mujer en Buenos Aires

I

"En su maleta traía pobre y escasa ropa, unos libros de Darío y sus versos."[18] Así, con nostalgia, evoca su hijo Alejandro su llegada. Pobre equipaje para enfrentarse con una ciudad que estaba abierta al mundo, con las expectativas puesta en esa inmigración que traería nuevas manos para producir y nuevas formas de convivencia, pero con todo el resquemor de no saber cómo va a resultar el experimento.

La ciudad, por otra parte, ha comenzado a transformarse en una más de las complejas ciudades industriales, y "la gran aldea", como la llamara Lucio López en el 80, es, en este año de 1912, una ciudad con arrabales, conventillos, malevos, linyeras y reos. También es una ciudad de huelgas y marchas de protesta, en las que los inmigrantes juegan un papel protagónico. Cuando dos años más tarde de la llegada de Alfonsina se realice el Tercer Censo Nacional, la población de Buenos Aires es de 1.575.814, frente a los modestísimos 222.000 de Rosario. Alfonsina debió sentir que tocaba el cielo con las manos, aunque en sus poemas aparezca, pero esto es mucho después, cierta hostilidad hacia la ciudad tan imponente.

Ya se habían terminado las obras del puerto de Buenos Aires, proliferan los frigoríficos, y la novela de su amigo Manuel Gálvez, *Historia de arrabal*, cuenta la historia de una muchacha empleada en uno de ellos y sus dificultades para mantener intacta su virtud. Gálvez también tocará otros dos temas que tienen que ver con la mujer: la prostitución y el normalismo, en la figura de una maestra cuya vida escandaliza a los que la rodean. El conventillo, el modo de vida característico de los trabajadores en una ciudad que crece y aun no ha instrumentado planes de vivienda y casas de alquiler, es el decorado de las novelas urbanas de Gálvez.

Lo cierto es que en esa época Buenos Aires tiene un "aire" a París, y lo descubren muchos visitantes ilustres. "El provinciano, encandilado por ella, quería bajar a Buenos Aires para gozarse en sus calles, como seguramente gozan los bichitos de luz, un instante antes de morir quemados, cuando quieren posarse sobre la llama. Y el porteño, consustanciado con 'su' ciudad, se sentía cada vez más dueño de ese país largo y liso, desvitalizado y lleno de pasto."[19] La vemos a esa muchacha criada entre montañas caminando con los ojos muy abiertos por las calles iluminadas, frente a los teatritos del centro, subiéndose a los tranvías que cruzaban la ciudad, contemplando con admiración los enormes edificios de la Avenida de Mayo, la extraña construcción de Obras Sanitarias...

Y en esa mezcla de costumbres y tradiciones que se suman, comienza a surgir una nueva manera de hablar, que logró hacerse fuerte a través de las letras de tango. Alfonsina va a prestarles mucha atención, y todo sus amigos la recuerdan cantándolos. En las peñas literarias, en su casa mientras trabajaba, el tango probablemente fue para ella la manera de penetrar en aquella ciudad hostil al comienzo, y como para ella todo se daba a través de las palabras, las letras a veces misteriosas de esas canciones tristonas se avinieron a sus ganas de comprender. Con sus veinte años recién estrenados, seguramente le dirían: "¡Qué papa!" o "¡Miren el churro!", y la muchacha, que todavía en una fotografía de 1915, vestida de negro y muy seria, ostenta cierto aire campesino, se habrá sentido linda y admirada.

Precisamente en ese año de 1912 se firman los decretos de construcción de las dos diagonales, Norte y Sur, "un juego de calles se abre en diagonal", cantará Gardel. Los extranjeros quedan muy impresionados. Clemenceau, a quien ya aludimos, se refiere a la Avenida de Mayo y dice: "...tan ancha como nuestros mejores boulevares, se parece al Oxford Street por el aspecto de los escaparates y la decoración de los edificios. Punto de partida: una plaza pública, bastante torpemente decorada, limitada por el lado del río por una gran construcción italiana llamada el 'Palais Rose' (...) y con cuyo edificio forma paralelo, a la otra extremidad de la avenida, otra gran plaza, improvisada ayer, que se termina por el palacio del Parlamento, colosal edificio, casi terminado, cuya cúpula se parece al Capitolio de Washington (...). El edificio más suntuoso es, sin contradicción, el de la opulenta Prensa".[20]

Llegar habrá sido impresionante, la estación del Ferrocarril del Norte, en Retiro, las barrancas de la hoy Plaza San Martín, la Torre de los Ingleses, regalo de la corona inglesa con motivo del Centenario.[21] Veinte años después, en su obra de teatro *Polixene y la cocinerita*, hará decir a sus personajes:

El Pez: *¿Conoces la Argentina?*

Eurípides: *¡Oh nombre, oh nombre sonoro! ¿Se llama así alguna mujer cantada por Horacio o Virgilio?*

El Pez: *No te nombro a mujer, Eurípedes, sino a una democracia sudeña y republicana que debe su nombre al noble argento. (...)*

Eurípides: *República Argentina, país lejano que descansa sus pies en el Polo Sur mientras los ilustres cabellos se le chamuscan ligeramente en el horno ecuatorial. (...)*

Y luego habla de Agathaura, o sea "la ciudad que tiene por nombre vulgar Buenos Aires", y dice: "Gran ciudad, 2.000.000 de habitantes; algunos griegos por el Paseo de Julio, autos de alquiler muy buenos, hermosas vírgenes". En

47

todo esto hay burla, humor. Pero no sucede lo mismo en sus "Versos a la tristeza de Buenos Aires":

> *Si en una de tus casas, Buenos Aires, me muero*
> *Viendo en días de otoño tu cielo prisionero*
> *No me será sorpresa la lápida pesada.*

Pero Alfonsina vivirá en el barrio sur, todavía un buen barrio, donde no le toca un conventillo, sino una habitación en casa de una conocida, seguramente recomendada desde Santa Fe. Habrá llegado y deshecho su valija, puesto los libros en un pequeño estante. ¿Qué libros? Darío había publicado *Azul*, había llegado a Buenos Aires en 1904, era amigo de Leopoldo Lugones, de Rafael Obligado, de José Ingenieros, se carteaba con Manuel Gálvez, colaboraba en el diario *La Nación*, y *Los raros* y *Prosas profanas* habían sido publicados en Buenos Aires. En 1912 Darío vive en París, dirige la revista *Mundial*, y le quedan cuatro años de vida. Pero es todavía el jefe indiscutido del modernismo que influirá en toda la poesía posterior en lengua española. También en Alfonsina, que seguramente lleva en su valijita *Azul* o *Prosas profanas*, y en ellos habrá podido conocer toda la sugestión del Oriente a través de sus emblemáticos objetos —biombos, pebeteros, palanquines, maderas perfumadas, sedas del Japón, porcelanas chinas—, elementos decorativos muy alejados de su horizonte posible de conocimiento y que sin embargo van a ser tomados por ella e incrustados en sus versos, en forma atenuada.

El 21 de abril de 1912 nace Alejandro Storni, su hijo, en el hospital San Roque, hoy llamado Ramos Mejía. Hubo algunos meses de descanso, luego buscaría trabajo, y al año siguiente se coloca como cajera en una farmacia, luego en la máquina registradora de la tienda "A la ciudad de México", en Florida y Sarmiento. Seguramente tendría alguna recomendación, alguna carta avalando su búsqueda, y el contacto le permite publicar algunas colaboraciones en la revista *Caras y Caretas*. Le pagaban veinticinco pesos la colaboración; en esa misma época, asombrada, Delfina Bunge de Gálvez recibe cien pesos por un villancico para *La Nación*.

Su contacto es Juan Julián Lastra, un estímulo, porque la alentaba a seguir escribiendo y a publicar. Lastra es santafecino, y de él dice Juan Carlos Dávalos que vivía en una pensión de estudiantes y escribía mucho, poemas que guardaba en cajones de un mueble, con la idea de irlos puliendo y publicarlos más adelante.

Para mejorar su situación, Alfonsina leía todos los avisos que pedían empleados, y así fue cómo se encontró con este extraño pedido de trabajo. El requerimiento era de una "corresponsal psicológica" con redacción propia. ¡Redacción propia! Pues vaya si la tenía. La cosa era impresionar como una persona eficiente y, sobre todo, vencer el prejuicio de emplear a una mujer. La casa se llamaba Freixas Hermanos, y se dedicaba a la importación de aceites.

Alfonsina fue, una mañana bien temprano, a ver de qué se trataba. Se encontró con una cola de casi cien varones, y ella, como muchas veces le ocurriría más adelante, la única postulante femenina. Cuando dijo que pretendía el empleo, debió insistir hasta casi llegar a la violencia para que la aceptaran. Le tomaron una prueba: la redacción de una carta comercial y de dos avisos publicitarios, uno anunciando yerba mate y otro un aceite de la firma. Seguramente pasaron algunos días de incertidumbre hasta tener la certeza de que era la elegida, de que podía seguir pagando sus gastos sin necesidad de recurrir a otro o de pasar necesidad.

El puesto en Freixas Hermanos había sido dejado vacante por un empleado que ganaba cuatrocientos pesos. Ella, por ser mujer, y nueva en el trabajo, tuvo que aceptarlo por doscientos. Alfonsina había estudiado para ser maestra, y sin embargo sus gestiones en Buenos Aires no prosperaron. Aceptar este empleo fue para ella su única salida, pero no era lo que quería. Ella misma cuenta la experiencia: "...estoy encerrada en una oficina; me acuna una canción de teclas; las mamparas de madera se levantan como diques más allá de mi cabeza; barras de hielo refrigeran el aire a mis espaldas; el sol pasa por el techo pero no puedo verlo; bocanadas de asfalto caliente entran por los vanos y la campanilla del tranvía llama distante. Clavada en mi sillón, al lado de un horrible aparato para imprimir discos, dictando órdenes y correspondencia a la mecanógrafa, escribo mi primer libro de versos. ¡Dios te libre, amigo, de *La inquietud del rosal*! Pero lo escribí para no morir".[22]

II

¡Cuánto le costó publicar su primer libro! En aquellos años no era sencillo llegar hasta los escasos editores que publicaban autores argentinos, y si se llegaba, la poesía no era la mejor carta de presentación. Alfonsina habrá ido de despacho en despacho, con las páginas mecanografiadas de sus primeros poemas, y la desazón sería una constante en su búsqueda. Hasta que el azar hizo su parte.

- Una tarde, Josefina B. de Routen, en cuya casa de la calle Moreno se alojaba por entonces Alfonsina, se encontró, caminando por la calle Belgrano hacia Bernardo de Irigoyen, con Félix Visillac. Josefina trabaja en el diario *La Tribuna*, y Félix venía de la imprenta de Miguel Calvello, situada en Belgrano 931. La buena amiga intuyó que esta relación podría interesarle a la joven que escribía versos, y lo invitó a visitarlas.[23]

A la noche siguiente, Visillac, de ojos azules y rubios bigotes que se atusaba mientras oía a los demás, se instaló en la salita adornada por algunos cuadros y una pequeña biblioteca. Alfonsina le leyó sus versos y el prólogo de Juan Julián Lastra, donde dice, admirativamente, "el sol ilumina el cielo de estos versos". Cuando terminó la lectura, el mosquetero le sugirió que lo acompañara a la imprenta de Miguel Calvello. Alfonsina accedió. Allí el trato fue por cierto muy suelto, lleno de confianza, pero estipulaba el pago de quinientos pesos a cambio de quinientos ejemplares del libro de poemas *La inquietud del rosal*. Alfonsina dijo que sí, pero nunca pagó la edición a Calvello. Probablemente hizo mal sus cálculos, o deseó tanto este libro que, en su optimismo, no entró la posibilidad de no reunir nunca el dinero, de que era imposible recuperar lo invertido para que por lo menos no se perdiera plata. Cuenta Nalé Roxlo que el imprentero, que además de su oficio tocaba el violín, se lamentaba cada vez que alguien le recordaba el episodio, diciendo "¡no me importa que no me pague! ¡pero que no me salude...!".

El libro aparece en 1916, y seguramente estaba preparado desde mucho tiempo antes. Una carta encontrada en el archivo de Leopoldo Lugones y que está fechada el 18 de junio de 1915, muestra a una Alfonsina ofendida luego de la publicación de *La maestra normal*, la novela de Gálvez recientemente aparecida. Pero, además, le ofrece a Lugones leerle los originales de *La inquietud del rosal*, temerosa de ser acusada de impúdica luego de su publicación. Le pide una entrevista para leerle algunas poesías, "que no huelen ciertamente a la moralidad común de que el señor Gálvez pretende hacerse paladín, pero que en cambio podrían hablarle de otra moralidad fundamental y muy sana que el espíritu del señor Gálvez no puede apreciar". Y sigue: "Esto que me permito pedirle tiene una razón: mi libro se va a publicar en breve. Yo sé que se me tildará de inmoral. Yo sé que gritarán contra la maestra revolucionaria y poco púdica. Quiero saber si los espíritus amplios como el suyo estarían conmigo".[24] Y da una dirección, Belgrano 843. No hay testimonio de que Lugones contestara. Pero la relación de Alfonsina con él fue muy complicada, ya que muchos dicen que el poeta, celoso de sus posibles rivales y mucho más tratándose de una mujer, jamás accedió a dedicarle a la poetisa ninguna de sus críticas.

Casi todos los escritores reniegan de su primer libro, algunos no reconocen como propio, años más tarde, lo que les ha costado mucho producir. Alfonsina no es la excepción. Sin embargo, de este libro, hay que leer entre líneas. Porque lo que hubiera podido ser un libro alambicado y pretensioso, con la debilidad propia de la mujer que lo espera todo de su relación con el hombre, a pesar de la desilusión inicial, en Alfonsina muestra que, a los veintiún años ya tiene claro que el hombre es un aliado circunstancial, con el que sólo se puede compartir el placer, y que ella está sola con su hijo. Probablemente Alfonsina llevó esta postura con exageración a su propia vida, y sin duda pagó caro ese vivir a contrapelo de la sociedad, pero lo cierto es que en su poesía, aun en este primer libro, producto de una experiencia amarga en la temprana juventud, comienza a delinear los contornos de un rol de mujer al que ella contribuirá a dar claridad como pocas mujeres de su época supieron hacerlo.

Hay un poema que debió asustar a los moralistas de la época, aunque no se llamaran Manuel Gálvez:

> ...Yo soy como la loba.
> Quebré con el rebaño
> Y me fui a la montaña
> Fatigada de llano.
> Yo tengo un hijo fruto del amor, amor sin ley.
>
> Yo soy como la loba, ando sola y me río
> del rebaño. El sustento me lo gano y es mío
> dondequiera que sea, que yo tengo una mano
> que sabe trabajar y un cerebro que es sano.
> El hijo y después yo, y después... ¡lo que sea!

Orgullosa de su independencia, ganándose el sustento con dificultad, impresiona por su omnipotencia esta mujercita de poco más de veinte años que, lejos de su familia, es capaz de decir "un hijo fruto del amor, amor sin ley". Sobre todo, porque en la retórica de la época la mujer ha entrado de manera muy distinta. Almafuerte y Carriego cuentan el drama de las novias abandonadas, que se quedan para siempre encerradas detrás de las persianas y no pueden tener nunca más identidad social, y Blomberg recuerda a las figuras del rosismo, tales como la pulpera de Santa Lucía, robada por un mazorquero, sin que su voluntad resulte significativa. Carriego dice, en un verso, que las cicatrices son "caprichos de hembra que tuvo la daga", y con esto confirma la imagen de mujer caprichosa e inútil. Mujer sin voluntad, mujer que debe renunciar a la vida pública si es "deshonrada", mujer caprichosa que somete al hombre con sus armas, Alfonsina Storni es un nombre que empieza a levantar, en los primeros años del siglo veinte, la punta de un manto de ignorancia con el que cubre la sociedad hipócrita, convencional y mentirosa, a esos seres llamados mujeres.

La repercusión del libro no fue buena. La escasa media página que Nicolás Coronado le dedicó en marzo de 1916, en la revista *Nosotros*, que dirigían Roberto Giusti y Alfredo Bianchi, no sirvió para compensar todo el esfuerzo y las ilusiones puestas en su primer libro, que resumía la expectativa de toda su vida. Sin embargo, releería una y otra vez las líneas de las que se desprende un benevolente augurio: "libro de un poeta joven y que no ha logrado todavía la integridad de sus cualidades, pero que en lo futuro ha de darnos más de una valiosa producción literaria".

Para cumplir con su familia y con aquellos que la acompañaron durante su vida en Rosario —y ¿por qué no? para demostrarle al que perdonó tan generosamente que ella se las arreglaba sola sin renunciar a sus objetivos—, Alfonsina llevó a Rosario cien ejemplares de *La inquietud del rosal*. Los dejó en una de las principales librerías, y viajó al tiempo para saber cuál había sido su suerte. Cuando Paulina le preguntó cómo le había ido, su hija le responde con amargura: "Muy pocos, mamá. Las mujeres lo rechazan. Dicen que soy una escritora inmoral. ¡Qué hemos de hacerle! No sé escribir de otro modo".

Pero como todas las cosas en la vida de Alfonsina, la tristeza es bruscamente transformada en alegría. Porque gracias a este libro, Alfonsina puede ser aceptada en los cenáculos de escritores a los que nunca se había acercado ninguna mujer. La vida literaria, según testimonios de sus protagonistas, no tenía mayores diferencias con la de hoy. Los escritores consagrados pontificaban desde sus lugares de influencia, y los más jóvenes o recién iniciados se esforzaban por conseguir una mirada atenta para sus originales, la edición o un lugarcito en este Olimpo inaccesible. Unas pocas revistas literarias mantenían la cohesión de los que estaban a mitad de camino, pero lo novedoso en relación con lo que ocurre setenta años después, es que las revistas comerciales, como *Caras y Caretas* o *Mundo Argentino*, recibían colaboraciones literarias y se ocupaban de la actualidad.

Alfonsina había trabajado en varios empleos antes de su "corresponsalía psicológica". Cajera en una farmacia, encargada de la máquina registradora durante una larguísima jornada de más de ocho horas —el trabajo del empleado no estaba todavía reglamentado y el de la mujer y el menor tardaría en estarlo varios años más—, en el comercio "A la ciudad de México", en la esquina de Florida y Sarmiento, donde hoy se encuentra el edificio del Banco Ciudad de Buenos Aires.

Sorprende que pudiera encontrar, en medio de sus contrariedades y obligaciones cotidianas, el tiempo y la manera de acercarse a los grupos de escritores, y de ganarse un lugar en ellos. No era frecuente la inclusión de una mujer en esas comidas de hombres solos, en las que la formalidad, a pesar de una cierta bohemia, ponía la nota dominante. Aun años después, cuando en la casa de Horacio Quiroga se reunirían a jugar a la gallina ciega y a bailar los bailes de la época, los hombres aparecen en las fotografías con saco cruzado, chaleco y corbata. Se explica así que su libro significara para ella la entrada en un mundo ideal, pero además, la entrada por derecho propio. Juan Julián Lastra la ayudó, y además de las colaboraciones en *Caras y Caretas* le facilitó el contacto con los escritores de la revista *Nosotros*, una revista literaria que aglutinaba a los escritores más conocidos, y a cuyas reuniones empezó a ir, llevando su libro como tarjeta de presentación.

Su primera comida de escritores fue la que se organizó en homenaje a Gálvez por el éxito de *El mal metafísico*, aparecida ese año. La novela cuenta las dificultades de esos seres que buscan desesperadamente la redención propia a través de la lucha por los desposeídos. Inspirado, como muchos escritores de la época, en los narradores rusos como León Tolstoi, Gálvez hace en esa obra un admirable retrato de la bohemia porteña, en el que aparecen, disfrazados de seres ficticios, sus amigos de entonces. El librero Balder Moen, uno de los personajes, fue el organizador de la comida, y también dos de los invitados, José Ingenieros y Alberto Gerchunoff, aparecen disimulados en ella. Gerchunoff había publicado en 1909 su exitosa novela *Los gauchos judíos*, basada en la experiencia de la colonización judía en el litoral, e Ingenieros era el médico socialista inclinado hacia la filosofía, que luego resultaría uno de los mejores amigos de Alfonsina.

Manuel Gálvez,[25] en sus recuerdos literarios, cuenta que por primera vez en Buenos Aires, en esta clase de reuniones, estuvieron presentes dos mujeres: Alfonsina Storni, y "una muchacha socialista, Carolina Muzzilli, que tenía aspecto de obrera, escribiría un valioso libro sobre el trabajo de las mujeres, y moriría tuberculosa varios años más tarde".

En su presentación en sociedad, Alfonsina se lució, no escatimó sus encantos ni su fresca capacidad de seducción. Recitó algunos de sus versos, con un aplomo encomiable, y también otros de Arturo Capdevila, que por aquel entonces era uno de los pilares de la poesía con su trágico poema "A Melpómene", que habían sido traducidos al italiano por Folco Testena. Alfonsina sacó además a relucir su lengua materna, y recitó fragmentos de la traducción. También en sus memorias, Roberto Giusti, a quien ella estaría ligada por la amistad el resto de su vida, señala el hecho de que fuera la primera mujer que se sentara en un banquete de escritores. Y añade, con afecto: "Desde aquella noche de mayo de 1916 esa maestrita cordial, que todavía después de su primer libro de aprendiz era una vaga promesa, una esperanza que se nos hacía necesaria en un tiempo en que las mujeres que escribían versos —muy pocas— pertenecían generalmente a la subliteratura, fue camarada honesta de nuestras tertulias, y poco a poco, insensiblemente, fue creciendo la estimación intelectual que teníamos por ella, hasta descubrir un día que nos hallábamos ante un auténtico poeta".[26]

Claro, esto Giusti lo escribe muchos años después, pero está diciendo también que Alfonsina se ganó su puesto entre sus colegas hombres por la calidad de su trabajo literario y no por ningún otro detalle ajeno a la poesía. No es la mujer de nadie, no debe ningún tipo de favor —el manchón de la edición impaga seguramente lo consideraría como la ayuda que la vida presta en algún momento y que se pagará alguna vez con creces—, y la fuerza de sus versos confirma estas presunciones:

El sustento me lo gano y es mío
dondequiera que sea.

IV

Alfonsina dejó su trabajo de corresponsal psicológica con su sueldo de doscientos pesos, y en una carta a Julio Cejador le dice que fue por razones de salud. Pero hay una versión, que recoge Nalé Roxlo, según la cual, en aquella oficina tan formal no fue bien visto que la autora de un libro de poemas que lindaban con la inmoralidad siguiera trabajando allí. Estuvieron dispuestos a perdonarle la vida si les aseguraba que esto no volvería a repetirse, pero la elección fue a favor de la poesía, y vinieron tiempos duros.

Pero también habría una cuota de elección en esta renuncia al trabajo en el comercio. Al terminar el año 16, Alfonsina le escribe a su amigo Lastra contándole las novedades. "Juan Julián, le escribe, siempre me son gratas sus líneas y las últimas con preferencia pues ellas me recuerdan que su esperanza, respecto de mis aptitudes, no ha sido defraudada, hasta el momento por lo menos. Por usted más que por mí me ha sido placentero señalarme en estos últimos tiempos. Y digo señalarme porque ya es un hecho que se me distingue entre el mayor número."[27] Le promete que el segundo volumen de sus poemas será mejor, y le cuenta que se encuentra más reposada, más tranquila. "Muchos me han señalado en el volumen anterior influencias de poetas que yo no había leído. Lugones mismo, hablando conmigo sobre el libro, me indicaba que se advertía una influencia marcadísima de los poetas franceses más en boga. Por no parecer ignorante no le pregunté cuáles son, pues la verdad es que yo metida durante 9 horas diarias entre las cuatro paredes de una casa comercial no podía leer casi nada en el período de tiempo que hice los versos que integran el volumen, hijos todos de un momento de angustia y libertados de modo preconcebido."

¿Entonces lo vio a Lugones? Con el libro publicado, seguramente pudo llegar hasta él. Llama la atención su manera de referirse a los poemas como "hijos de un momento de angustia y libertados de modo preconcebido". Y parece claro que quiere dedicarse a mejorar su poesía, a cultivar su gusto por la lectura de otros modelos que le ofrezcan mayores posibilidades de expresión, y un cauce a su pretensión de originalidad.

Vivir de la poesía nunca ha sido fácil. En junio de 1916, poco después de la comida en homenaje a Gálvez, aparece en *Mundo Argentino*, rodeado de avisos que ofrecen "Cigarrillos Reina Victoria" o "Bálsamo de Lechuga Beauchamp", junto a las fotografías de don José Podestá en su papel de Santos Vega, un poema titulado "Versos otoñales". Hay en él un sentimiento insólito en una mujer de veinticuatro años, pero que habrá que atribuir a cierta pose literaria que consagra los sentimientos de incomodidad existencial. Aunque los versos son apenas aceptables, sorprende su capacidad de mirarse por dentro, que por entonces no era común en los otros poetas de su generación, más bien prisioneros de una retórica grandilocuente. Parece que se está penetrando en los pensamientos de cualquier mujer frente al espejo, cuando puede mirarse sin testigos, y no es solamente la coquetería lo que la impulsa, sino también un deseo de saber quién es.

> *Al mirar mis mejillas, que ayer estaban rojas*
> *he sentido el otoño; sus achaques de viejo*
> *me han llenado de miedo; me ha contado el espejo*
> *que nieva en mis cabellos mientras caen las hojas.*

Son las primeras canas, y Alfonsina tendrá totalmente blanca la cabeza muy pronto. Pero si hubiera sabido que estaba exactamente en la mitad de su vida, se hubiera comprendido esa sensación otoñal. Pero no lo sabe. Por el contrario, es el momento de su entrada en una vida literaria en la que va a ocupar paulatinamente un papel destacado, y es el momento en que se va a ir gestando en ella el gran cambio que se produce recién en 1925, a partir de su libro *Ocre*. Pero en este momento está bien rodeada, sabe quiénes son los otros y sabe cómo llegar a ellos. Amado Nervo, el poeta mejicano paladín del modernismo junto con Rubén Darío, publica sus poemas también en *Mundo Argentino*, y esto da una idea de lo que significaría para ella, una muchacha desconocida de provincia, el haber llegado hasta aquellas páginas.

En 1919 Nervo llega a la Argentina como embajador de su país, y frecuenta las mismas reuniones que Alfonsina. Ella le dedica un ejemplar de *La inquietud del rosal*, y lo llama "poeta divino". Es decir que estaba vinculada a lo mejor de la vanguardia novecentista, que comenzaba a declinar. No se sabe si lo conoció a José Enrique Rodó, otro de los hombres clave de la época, modernista uruguayo autor de *Ariel* y de *Los motivos de Proteo*, y de una interpretación de la cultura americana, que murió, solo y miserable, de una extraña enfermedad, en un hotelucho de Italia. Pero hay cartas dirigidas a Rodó, para enviarle su libro. Rodó escribía, como ella, en *Caras y Caretas*, y era, junto con Julio Herrera y Reissig, el jefe indiscutido del nuevo pensamiento en Uruguay. Ambos esclarecieron los lineamientos intelectuales americanos a principios de siglo, como lo hizo también Manuel Ugarte, cuya amistad le llegó junto con la de José Ingenieros. Ugarte se había enamorado de una poetisa uruguaya, Delmira Agustini, a la que Alfonsina no conoció. Fue su amigo de toda la vida, y la alabó con cálidas palabras en Montevideo, cuando se le rinde homenaje en noviembre de 1938. El autor de *El porvenir de América Latina*, un latinoamericanista amigo de Rodó, fue el que hizo que Alfonsina conociera la poesía de Delmira.

La poetisa uruguaya había muerto dos años antes, en 1914, asesinada por su marido en una casa de citas a la que habían ido juntos, y su personalidad apasionada había encontrado expresión poética en sus libros, de una sensualidad y una audacia infrecuentes. Delmira es mucho más sensual que Alfonsina, que detrás de sus exaltados versos de amor esconde un cerebro capaz de analizar el porqué de las cosas e imprimir a su vida un rumbo premeditado. Pero la voz poética de Delmira resultó una aproximación a sus necesidades de mujer poeta. Cuando aquella muere, Alfonsina le dedica un poema que se publica, con un dibujo de un ciprés y una tumba en blanco y negro, en la revista *Caras y Caretas*:

Estás muerta, y tu cuerpo, bajo uruguayo manto,
Se limpia de su fuego, descansa de su llama.

Sólo desde tus libros tu roja lengua llama,
Como cuando vivías al amor y al encanto.

Este trágico final de otra mujer como ella, con sus ape-
tencias literarias, conmueve a Alfonsina, y le hace hablarle
como si fueran hermanas, e imaginarla "encogida en tu
pobre cajoncito roído". Y la hermandad llega con estas
palabras:

Pero sobre tu pecho, para siempre deshecho,
Comprensivo vigila, todavía, mi pecho;
Y si ofendida lloras por tus cuencas abiertas
Tus lágrimas heladas, con mano tan liviana
Que más que mano amiga parece mano hermana,
Te enjugo dulcemente las tristes cuencas muertas.

¡Qué capacidad de meterse en los temas de la muerte!
Pero los tiempos difíciles la obligan a contar las monedas,
como en Coronda, cuando estaba en la escuela, y ahora es
más difícil, porque tiene a su hijo. Josefina B. de Routen,
en cuya casa sigue viviendo, es corresponsal de *La Tribuna*
de Rosario, y a veces le cuida a Alejandro, de apenas cuatro años. Sus propias colaboraciones no le alcanzan, y a veces escribe también en otros lugares, donde no pagan. Por
ejemplo en el diario *La Acción*, socialista, o en la revista
Proteo, de inspiración latinoamericanista.

Una tarde, probablemente a comienzos del año 17, Conrado Nalé Roxlo fue a la redacción de la revista *La Nota*,
en una vieja casa de la calle Florida. Mientras esperaba el
ascensor, que tardaba en bajar, una voz "femenina, fresca
y bien timbrada", dijo a sus espaldas: "Seguramente han
dejado la puerta abierta". Al darse vuelta vio frente a él a
una mujer joven, vestida de traje sastre azul marino y som-
brerito de paja negra. La memoria de Nalé es minuciosa.
Una cartera de charol negro, un libro rojo y una rosa blanca. Cuando consiguen subir en el ascensor, Nalé se siente
observado por una mirada cordial, pero con una chispa de

ironía que lo hace sentirse más tímido. Al salir, ella le pregunta sorpresivamente si hace versos. Antes de que el autor de "A un grillo lejano" y "Claro desvelo" pueda responderle, la desconocida le pone en la mano la rosa blanca y desaparece. Años después, cuando Nalé Roxlo le recordó la escena ella le dijo, riéndose, que nunca se engañaba con los poetas.[28]

Por esa época se acerca a ella una muchacha, movida por la admiración a su poesía. No sabemos el nombre, pero cuenta cómo encontró a esta Alfonsina irónica, llena de humor, pero frágil detrás de su apariencia de fortaleza. "Alfonsina me recibió en la salita de su casa de pensión. Yo estaba emocionada y ella también. Pero atajó mis torpes elogios, diciéndome con una sonrisa que pretendía ser irónica pero que seguía siendo afectuosa, que yo debía ser una muchacha muy original por el hecho de ir a visitarla por gustarme sus versos. Quedé cortada y bajé los ojos que hasta entonces había tenido fijos en los suyos, azules y profundos, en sus cabellos de un rubio desvaído que parecían moverse como si dispusieran de una vida propia. Bajé los ojos, y mi mirada encontró sus pies. Llevaban unos zapatos terriblemente viejos y tristes, pelados y con los tacones torcidos. Rápidamente los escondió bajo la funda blanca del sillón. Entonces, nuestra conversación perdió la naturalidad; no sé cuál de las dos se sentía más incómoda. Años después, Alfonsina me dijo que había sentido mi mirada como un pisotón."[29]

Estas palabras, testimonio de una sensibilidad penetrante, muestran que ni la pobreza ni las dificultades fueron el añadido posterior, al recordar sus comienzos, sino que pertenecieron a la realidad de todos los días, y formaron parte de la voluntad de vencer todos aquellos obstáculos, tan característica de la personalidad de Alfonsina.

V

Su voluntad no la abandona, y la hace seguir escribiendo y publicar, ya en mejores condiciones, su segundo libro de poemas, *El dulce daño*, en 1918. Pero antes de eso, en el otoño de 1917, más exactamente en el mes de junio, sus amigos escritores del diario *La Idea*, del barrio de Flores, le organizaron un homenaje, con el objeto de ayudarla con un poco de dinero.

Flores era por aquel entonces todavía un suburbio porteño, por el que transitaban aquellas chicas a las que Oliverio Girondo dedicó, en 1920, su poema "Exvoto". "Las chicas de Flores, dice Girondo, se pasean tomadas de los brazos, para transmitirse sus estremecimientos, y si alguien las mira en las pupilas, aprietan las piernas, de miedo que el sexo se les caiga en la vereda." Y sigue: "...el deseo de los hombres las sofoca tanto, que a veces quisieran desembarazarse de él como de un corsé, ya que no tienen el coraje de cortarse el cuerpo a pedacitos y arrojárselo a todos los que pasan por la vereda".

Crueles y bellas imágenes, absolutamente vanguardistas, ya en la modernidad de los años veinte, para referirse a la sumergida vida de la mujer en aquellos barrios marginales. Fue en ese contexto casi provinciano que el director de la página literaria de *La Idea*, Domingo Vila Bravo, organizó el festival. Los dos amigos, Félix Visillac y Vila Bravo se reunieron en el bar "La Perla", y allí discutieron todos los detalles.[30]

La fecha elegida resultó el primero de junio, en el salón del teatro Minerva, de la calle Rivadavia 7246, y los cálculos fueron tan optimistas que llegaron hasta contemplar la posibilidad de añadir sillas en los pasillos. Se cobraría entrada, a sesenta centavos la platea y tres el palco, y una vez pagados los gastos de alquiler, la escritora podría quedarse con una suma que le permitiera vivir holgadamente algunos meses. El periódico hizo toda la publicidad necesaria, y un bonito cartel fue repartido por los alrededores del barrio. Allí se especificaba la hora, 0 y 30 pm, y que se trataba de un festival artístico y literario.

Nalé Roxlo se imagina a "la señorita Alfonsina Storni", como dice el cartel, de pie frente al espejo del roperito de su pensión, tratando de armarse una figura elegante con sus modestas ropas. En el programa se anuncia el cuadro vivo "La poesía", recitado por su autora. Seguramente un piano acompañaría el recitado del poema, mientras que alguna luz muy estudiada daría al cuadro un resplandor irreal. "La poetisa acudió vestida de blanco, su figura resaltaba por la luz en el escenario. Al dar al público su primer poema titulado 'Rosas', iba deshojando un manojo de esas flores que aprisionaba en su mano izquierda", confirma Félix B. Visillac.

Pero la reunión no colmó las expectativas de sus organizadores, y no fueron más de treinta personas. Las chicas de Flores, junto con sus familias, se negaron tal vez a embarcarse en aquella aventura tan rara de oír a una desconocida recitar sus propios poemas. Y Alfonsina se tuvo que volver tristemente a su pensión, quizás tratando de consolar a los demás, como solía hacerlo, y agradeciéndoles sin duda que no le permitieran hacerse cargo de las deudas, como noble y generosamente ofreció.

Todavía la crisis no es lo que será en el año treinta, cuando el tango diga "dónde hay un peso, viejo Gómez, que me haga morfar", pero Alfonsina la pasa mal hasta que un día le llega el nombramiento como directora y maestra del colegio Marcos Paz, de la calle Remedios de Escalada y Argerich. Este colegio había sido fundado por la Asociación Protectora de Hijos de Policías y Bomberos, y estaba en una hermosa casa rodeada de árboles de tupida sombra. Allí, en el encierro, una sorpresa inesperada: una inexplicable biblioteca de unos dos mil volúmenes, que sirve para completar algunas lecturas insatisfechas de Alfonsina.

Por esa época hay otro cambio: se muda a la casa de la calle Acevedo 2161, una casa muy grande, que comparte en alquiler con Josefina Grosso y su hermana, que era la dueña. Josefina será recordada siempre con enorme cariño por Alejandro Storni, porque lo cuidó y atendió mientras Alfonsina trabajaba o participaba de sus reuniones literarias. Josefina tenía por aquel entonces un hijo de unos dieciocho años, que jugaba con el chico para entretenerlo. De esa época es la foto en la que Alejandro, de flequillo y buena complexión física, se asoma, hundido, desde el fondo de una hamaca de lona.

Cuando le cuente su vida de entonces a Julio Cejador, Alfonsina dirá: "De ese encierro nació mi segundo libro de versos: *El dulce daño*". Y añade: "Mi naturaleza sana, pero delicada, me obliga a medir mis tareas y contener mis esfuerzos".

VI

El 18 de abril de 1918 se le ofrece una comida a Alfonsina en el restaurante Génova de la calle Paraná y Corrientes. Allí se reunía mensualmente el grupo de *Nosotros*, y en esa oportunidad se celebra la aparición de *El dulce daño*. Los oradores son Roberto Giusti y José Ingenieros, su gran amigo y protector, a veces su médico. Alfonsina se está reponiendo de la gran tensión nerviosa que la obligó a dejar momentáneamente su trabajo en la escuela, pero su cansancio no le impide disfrutar de la lectura de su "Nocturno", hecha por Giusti, en traducción al italiano de Folco Testena. Esta vez comparten con ella el privilegio de sentarse a la mesa con los hombres otras dos mujeres: Adelia Di Carlo, la actriz italiana, y la esposa de Testena. Ignoramos por qué esta verdadera manía de traducir los poemas al italiano y leerlos en esa lengua en un homenaje realizado en la ciudad de Buenos Aires.

En poco menos de dos años, el cambio ha sido enorme. La comida ofrecida en honor de esta muchacha demuestra el aprecio intelectual que todos le tienen. Y lo cierto es que su poesía ha avanzado mucho, sobre todo en la creación de un mundo imaginario que parece evocar un jardín edénico, en el que una mujer rodeada de abejas, panales, lirios y dalias, se pregunta por qué no puede retener al Amor. Pero esta mujer se va perfilando ya como una Eva transgresora, pecadora, aunque su pecado sea —como siempre es el pecado de todas las Evas de la historia, desde el Paraíso hasta el cuento Barba Azul—, preguntarse demasiado. Un doble juego lleva a la poeta a simular ante el hombre que el capricho es constitucional de la naturaleza femenina, y con esto disfraza no solamente lo que realmente le pasa —su insatisfacción—, sino también la incomprensión de ese hombre del que no se puede prescindir.

La soledad de Alfonsina, cuando dice "polvo de oro en tus manos fue mi melancolía", es absolutamente conmovedora. Pero también conmueve estéticamente, como cuando se confiesa "sabedora de engaños". Y cuando luego de pedir "escrútame los ojos, sorpréndeme la boca, sujeta entre tus manos esta cabeza loca", añade los versos que siguen, demuestra que aceptó todo lo que le viene a la mujer desde afuera, impuesto a través de los siglos, como aquellas etiquetas que tenía que pegar en los frascos de cristal de la farmacia donde trabajó pocos años:

> Pero no me preguntes, no me preguntes nada
> De por qué lloré tanto en la noche pasada;
> Las mujeres lloramos sin saber, porque sí:
> Es esto de los llantos pasaje baladí.
>
> Bien se ve que tenemos adentro un mar oculto,
> Un mar un poco torpe, ligeramente estulto,
> Que se asoma a los ojos con bastante frecuencia
> Y hasta lo manejamos con rarísima ciencia.

La conclusión de este bellísimo poema trasluce la ironía soberbia de una mujer poco común, que con esto cierra la puerta al hombre que no puede entenderla:

Nuestro interior es todo sin equilibrio y hueco.
Luz de cristalería, fruto de carnaval
Decorado en escamas de serpientes del mal.

Es decir, afuera hombres, somos todo lo que se piensa de nosotras, vacías, huecas, malvadas, pero ¡qué bien se está lejos de aquellos que no aciertan a comprendernos! Y lo cierto es que tampoco nos entendemos demasiado a nosotras mismas. Y en otro poema se pone el mote que ahora reemplaza al de "la loba", más elaboradamente pero con el mismo escepticismo: "Oveja descarriada dijeron por ahí. / Oveja descarriada. Los hombros encogí. / En verdad descarriada. Que a los bosques salí; estrellas de los cielos en los bosques pací".

El dulce daño es un libro que consigue crear una atmósfera de fuerte personalidad poética, y en el centro, una mujer. Esa mujer no tiene por qué ser Alfonsina en toda su verdad, pero sin duda lo es en el cruce que entre la realidad y la creación se da en los auténticos creadores. Entre la mujer que era por entonces y la mujer que querría ser, el libro instala un personaje poderoso, sensual, encerrado entre abejas y pájaros, tendida en hamacas y rodeada de una naturaleza floreciente que le hace eco a su capricho. Pero que, también, sirve de reflejo a su melancolía más profunda.

Para conseguir la edición, esta vez, no necesitó escaparse de ningún imprentero. *El dulce daño* fue editado en inmejorable compañía, por la Sociedad Cooperativa Editorial Limitada Buenos Aires, patrocinada por Manuel Gálvez. La imprenta Mercatali, que se ocuparía de casi todas las ediciones por aquellos años, imprimió este decimotercer volumen de una colección integrada, entre otros, por *Ciudad*, de Baldomero Fernández Moreno; *Cuentos de amor, de locura y de muerte*, de Horacio Quiroga; *La sombra del convento*, de Manuel Gálvez, y se anuncia el volumen *Literatura contemporánea*, obra del ensayista Alvaro Melián Lafinur.

En julio de 1925,
leyendo sus poemas
ante una vasta
concurrencia
femenina. Ya había
publicado Ocre.

En la rambla de
Mar del Plata en
marzo de 1924.
Comenzaba sus
visitas anuales
recomendadas
para su descanso.

Mar del Plata, en
1926: Mary Rega
Molina, Alfonsina,
Horacio Rega
Molina, Margarita
Abella Caprile y
Beatriz Eguía
Molina.

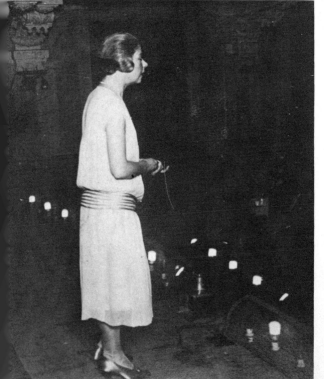

Reunión de escritores en 1927. De pie, Baldomero Fernández Moreno, Alberto Hidalgo (con moño), Luis Cané, Emilia Bertolé y Alfonsina. A la cabecera, Horacio Quiroga.

Recitando en la Fiesta de la Poesía, 1927.

En la cocina de su casa de la calle Cuba. Luce su característico delantal blanco que usaba para todo trabajo.

En su segundo viaje
a Europa con su hijo
Alejandro, el
primero de la
izquierda, y su
amigo Vito Dumas,
el cuarto.

Instantánea de Caras
y Caretas, 1925.

Con Palma Guillén
y Gabriela Mistral.
Una larga amistad
unirá a ambas poetas.

En el Plaza Hotel en una comida del P.E.N. Club, setiembre de 1930. Rodeada de escritores, se destacan a su izquierda Manuel Gálvez y Delfina Bunge.

Alfonsina posa para una revista de la época.

En un gesto no frecuente, Alfonsina ríe en una reunión social.

Homenaje a
Federico García
Lorca, en el P.E.N.
Club. Alfonsina
de pie. Adelante,
Pablo Neruda,
Juan Pablo Echagüe
y el poeta español.

En Radio Stentor,
en una audición de
Caras y Caretas,
desde el sótano del
hotel Castelar.

En una emisión
radial, junto a Elvira
Palacios.

*Alfonsina en
Montevideo con
Zulma Núñez, Carlos
Reyles, María V. de
Müller y Nilda Müller
en enero de 1938.*

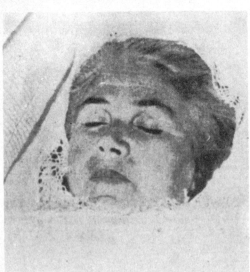

*Meses después su
cuerpo se
encontraría en las
playas marplatenses.
Su suicidio
conmovió al país.*

El libro de Alfonsina es pequeño de formato, de 157 páginas, impresas en el grueso papel de la época.

VII

Los recuerdos de Alejandro Storni muestran a su madre, por esa época, atenta a su cuidado y a señalarle los fenómenos de la naturaleza. "Muy pequeño era yo. Seis años apenas. Las narices aplastadas contra el vidrio de la ventana, la espalda contra el pecho de mi madre. Afuera el patio y el jardín, nevados. Nieva en Buenos Aires: 1918." La madre lo había llamado para que viera la nieve, y le había advertido: "Mirá bien esto, Alejandro, porque en Buenos Aires no creo que lo veas más".[31]

Pero no se puede vivir sin trabajar, y la docencia es el único camino posible. Junto con ese periodismo que a veces le rinde unos pesos. El signo de la vida laboral de Alfonsina consiste en ese ir y venir de lugar en lugar hasta poco a poco irse acercando a su verdadera vocación, la literatura y el teatro. Mientras tanto, tiene que resignarse a las tareas subsidiarias, como el trabajo de celadora que le consiguen sus amigos en la Escuela de Niños Débiles del Parque Chacabuco.

Las escuelas para niños débiles fueron una institución que el gobierno de Hipólito Yrigoyen alentó, como una manera de paliar los efectos de la pobreza. Se trataba de niños con problemas de crecimiento, insuficientemente alimentados, raquíticos, como se decía, y en esas escuelas eran tratados fundamentalmente con un programa de sol y ejercicios físicos que contribuía a conseguir un crecimiento saludable. Vestida con delantal blanco, Alfonsina se pasea al sol entre los niños bulliciosos, y esto poco tiene que ver con el encierro de la caja registradora o de la oficina de los Freixá. Claro, no ganaría mucho, pero para una mujer como ella, criada entre montes y arroyos, este trabajo le permitiría, además del contacto con la naturaleza, la contemplación del florecer de la vida. Así la conoció Fermín Estrella Gutiérrez, que solía ir al Parque Chacabuco, donde funcionaba la escuela, a sentarse a leer bajo los árboles. "Allí la vi, varias veces, a través del verde enrejado, ir y venir entre los pequeños de guardapolvos blancos. Delgada y menuda, con el cabello rubio ceniciento brillante al sol, cumpliendo su tarea", y añade más adelante que aquel trabajo no era para ella, "prisionera durante todo el día en aquella cárcel verde, regida a horario y bajo unas autoridades que no eran ni buenas ni comprensivas con ella".[32] Esto último lo supo por un amigo común.

Por aquel entonces, uno de los poemas de Alfonsina que empezó a correr de boca en boca, difundido por las recitadoras, fue el que le garantizó la adhesión de las mujeres. Algo así como el "Hombres necios, que acusáis...", de la mejicana Sor Juana Inés de la Cruz, al que recuerda por la invectiva contra las desmedidas e injustas pretensiones de virginidad. Se trata de "Tú me quieres alba, me quieres de espumas, me quieres de nácar", en el que no sólo reconviene a los hombres por la desigual exigencia que plantean, sino que les señala su propia libertad como algo de lo que hay que volver luego de una etapa de purificación en que "las carnes les sean tornadas" y luego de recuperar "el alma que por las alcobas se quedó enredada". Sólo así, dice Alfonsina, se podrá pretender una virginidad primigenia.

Seguramente alertadas por la justa reivindicación planteada, que en aquella sociedad convencional resultaba francamente revolucionaria, las mujeres empezaron a escuchar a Alfonsina. Sus clases de declamación, por otra parte, que empieza a dictar para ayudarse económicamente, difundirán también entre las discípulas esta filosofía de superioridad femenina, superioridad en tanto ha sido la primera en reflexionar sobre su rol en relación al hombre. Y luego, están las lecturas y recitados de sus poemas, hechas por ella misma, en los locales socialistas, en aquellas bibliotecas de barrio en las que se trasmitía la necesidad de educar y educarse por medio de los libros. En esas salitas modestas debe haber comenzado a resonar su voz bien timbrada, con el sarcasmo de otros versos: "Hombre pequeñito, te amé media hora, no me pidas más", o "Señor, Señor, hace ya tiempo, un día, / soñé un amor como jamás pudiera / soñarlo nadie, algún amor que fuera / la vida toda, toda la poesía...", o aquel de resonancias rubendarianas "Persigo lo perfecto / en mí y en los demás / persigo lo perfecto / para poder amar" o el sencillo poema donde cuenta que "esta noche me has dicho al oído dos palabras / comunes (...) tan dulces dos palabras que una hormiga pasea por mi cuello y no intento / moverme para echarla".

Las mujeres comenzarían a comprender, oyendo estos poemas, cuánto hay de posible en el deseo de ser una misma. Todo un breviario de situaciones, donde los sentimientos tienen los matices de lo posible, en un delicado análisis. Una vez, Alfonsina visitó el local de las "Lavanderas Unidas", un protosindicato que oficiaba bajo la tutela del Partido Socialista. "El local —contaba años después— quedaba al final de la calle Pueyrredón, entonces mucho más cerca del río que ahora, y el público lo formaban casi exclusivamente negras, pardas y mulatas, lo que unido a su profesión de lavanderas me hizo dudar por un momento de la época en que vivía. Me creí trasladada por arte de magia a la colonia, y temí que mis poemas resultaran futuristas. Pero no fue así: nos entendimos desde el primer momento. Por encima o por debajo de la literatura; eso poco importa. Nos comprendimos en nuestra mutua esencia femenina, eso que tanto les cuesta entender a ustedes los hombres... si es que alguna vez lo entienden."[33]

También en 1918 Alfonsina recibe una medalla de miembro del Comité Argentino Pro Hogar de los Huérfanos Belgas, junto con Alicia Moreau de Justo y Enrique del Valle Iberlucea. Años atrás, cuando empezó la guerra, Alfonsina había aparecido como concurrente a un acto en defensa de Bélgica, con motivo de la invasión alemana. Era todavía una desconocida y su nombre apareció en el diario *La Nación*. Su amigo Horacio Quiroga, a quien en ese entonces no conocía todavía, había sido sensible al avance alemán y había escrito un cuento llamado "Los cementerios belgas". La medalla la llevó Alfonsina a Mar del Plata en su último viaje, y hoy la conserva Alejandro Storni.

VIII

Se conocieron en las reuniones de la revista *Nosotros*, y Alfonsina intercambió libros y opiniones con Manuel Gálvez. Aquél fue quien le ofreció publicarle en su Cooperativa *El dulce sueño*, *Irremediablemente* y *Languidez*. Años mil nueve dieciocho, diecinueve y veinte. Gálvez estaba casado con Delfina Bunge, una inteligente mujer que pertenecía a una familia de inmigrantes ilustrados, como Alfonsina, pero en este caso de origen alemán, y que prosperaron y se integraron mejor que los Storni. Delfina era una mujer muy educada, fue una de las amigas íntimas de Victoria Ocampo. Mujer muy católica y preocupada por los problemas de la fe, llama la atención su intervención en el episodio por el cual el arzobispo de Buenos Aires solicita al director de *La Nación* la renuncia de su colaborador Carlos Alberto Leumann, tras la publicación de un cuento de éste donde se discute el dogma de la virginidad de María. Es en el año 1927, y Delfina interviene a favor de Leumann.

Por aquellos años Manuel le ofrece a Alfonsina que traduzca del francés los poemas de *Simplement*, el libro de Delfina aparecido en 1915. De esa manera, piensa Manuel, se romperá el círculo de aislamiento que rodea a su esposa. Seguramente la casa de los Gálvez no se abrió nunca para Alfonsina. No era costumbre mezclar los temas. Alfonsina era una amistad literaria, y las familias tradicionales no ofrecían fácilmente sus casas a quienes no fueran de su nivel social o, como en el caso de la escritora, tuvieran el halo de una vida dudosa. Para eso estaban los restaurantes donde se reunían periódicamente, como en el caso de *No-*

sotros, o las reuniones en casa de la familia Lange, a la que pertenecía Norah, la mujer de Oliverio Girondo, o en la selvática morada que Horacio Quiroga tendría, años después, en su casa de Vicente López.

Sin embargo el vínculo debe haber sido bueno y generoso, ya que Alfonsina habla de la poesía de Delfina con auténtica admiración, y aunque confiesa que se había propuesto traducir las mejores para reunirlas en un volumen, admite no haber podido hacerlo.

La edición de las *Poesías* de Delfina Bunge, en traducción de Alfonsina Storni, aparece en Ediciones Selectas América, con dirección en Corrientes 830, tercer piso. En el prólogo José Enrique Rodó derrama elogios, y en el posfacio Alfonsina dice que ha traducido aquellas que le permitieron lograr una mayor fidelidad, y lamenta, generosamente, que no se traduzcan las demás "pues es lastimoso que se pierda, dice, el tesoro de fina identidad que encierran los versos de esta poetisa que —y esto dicho sea en su descargo— no ha escrito en francés por capricho de persona culta, sino porque su lengua natal no ha respondido a su música interior". Luego dice que la poesía de Delfina "se aparta de lo que se escribe habitualmente en nuestro medio", califica a la autora de "poeta de excepción", para terminar afirmando que "las traducciones mías están hechas con cariño y se han ajustado con fidelidad al original, pero traducir es siempre cosa difícil e ingrata".[34]

No sabemos si Alfonsina cobraría honorarios por sus servicios de traductora, pero sí que la colección edita muchos títulos importantes, como las obras en dos volúmenes de Julio Herrera y Reissig, poemas de Amado Nervo o de Héctor Pedro Blomberg, una obra teatral de Samuel Eichelbaum. Entre las obras agotadas figura un libro de Alfonsina llamado *Poesías*, seguramente una selección de lo ya publicado. Los poemas de Delfina aparecen en 1920, formando parte de la colección de cuadernos quincenales, y el director es Samuel Glusberg, el gran amigo de todos los escritores, que luego fundaría la editorial Babel.

En enero de 1920, Alfonsina es invitada a Montevideo a leer su poesía, la de Delfina, y a pronunciar una conferencia sobre Delmira Agustini. Todo lo organiza Capdevila, y van juntos los Gálvez, los Capdevila y Alfonsina. El viaje es breve, apenas dura seis días, pero en él ocurren muchas cosas, sobre todo importantes para las dos poetisas.

Delfina Bunge cuenta el viaje, en su diario aún inédito: la conferencia sobre su libro, y una conversación con Alfonsina que representa acabadamente el clima espiritual de la época y las dificultades que enfrentaría Alfonsina en su vida social:

"Allí en Montevideo ¡qué extraño efecto! Encontréme de llegada, esa misma tarde, en la Universidad, en el salón de actos, donde Alfonsina Storni daba una conferencia sobre mí. El salón lleno, y yo con María Delia, en un sitio perdido entre los otros, y sin que nadie me conociera. La conferencia fue bonita... Los versos traducidos por ella, Alfonsina los dijo bien, y el público los *sentía*, y los aplaudió con alguna emoción (esto se ve). ¡Pobre Alfonsina! Tiene un bello timbre de voz, y habla de modo cálido y vibrante. Obtuvo un buen éxito. ¡Pobre Alfonsina! Comenzó declarando que era atea... Y es cariñosa y emocionada... Y no sé por qué ahora se humedecen mis ojos al acordarme de ella... Me ha besado al despedirse... Y habíamos pasado unos días gratos. ¡Alfonsina, entre Delia, la compañera teósofa que quería 'convertirla' y yo! ¿Quién y por qué nos tuvo allí reunidas de modo tan especial durante algunos días? Y María Delia entre nosotras, tenía su significación también: era la juventud, la belleza, la despreocupación de tales problemas, con su creencia sencilla que practica y no analiza. ¡Pobre Alfonsina! ¿Y qué puedo hacer yo con ella? Dice que es atea 'por humildad', por no poder creer que un Dios, que Dios, pueda ocuparse de un ser como ella. Si hay humildad no hay peligro; si ella no va a Dios, viéndola humilde, Dios irá a ella... 'Y Dios —añade ella— no es Dios para nosotras sino en la relación que con nosotras tenga', en lo cual habla sensatamente, creo. Pero el caso es no saber si somos o no somos dignos de que Dios se ocupe de nosotros (que ya sabemos que no lo somos), pero sí de saber si se ocupa o no." (Diario de Delfina Bunge de Gálvez, 23 de enero de 1920.)

Este texto tan conmovedor dice más por lo que calla que por lo que explicita. Porque las dos mujeres unidas en la conversación son dos creadoras que, por distintos caminos, buscan liberarse de las ataduras más convencionales para encontrar su propia voz. Delfina calla sin duda lo que sabe de la historia de Alfonsina; aun en su diario es discreta con una verdad que no está autorizada a revelar. Pero sabe que si pudiera hablar con mayor confianza, la oveja descarriada que es Alfonsina podría revelarle cosas que le permitirían saber cuál es el camino de la creación. Protegida por su situación familiar y social, protegida por su maternidad legítima, Delfina es generosa y compasiva con la pobre muchacha que se gana la vida y que tiene talento y fuerza. Generosa, aunque justa, en sus adjetivos; compasiva con la fragilidad que sin duda la otra mujer ostenta a pesar de su empuje.

Alfonsina no pasó todo el tiempo con sus compañeros de viaje, y si lo hizo, esto no fue obstáculo para que conociera a un joven de apenas veinte años, del que volvió a Buenos Aires muy enamorada, tal como lo cuenta Capdevila, al parecer su confidente en este episodio. Parece que Alfonsina escribió a un amigo: "Conocí la apoteosis, y ahora estoy sola, como desterrada, extrañando tanto que desearía volverme enseguida; pero yo no sé si las pequeñas luces de la noche volverán a recibirme en la mañana. En todo caso temo que parezcan, ya, corazones que se están apagando".[35]

La luces eran verdaderas, imaginativo homenaje que en forma de cerillas encendidas a medida que se perdía el barco en la noche le ofreció aquel joven de veinte años, encantador sin lugar a dudas. El imaginativo quedó también enredado en el juego. Un joven periodista del diario *El Día*, que viajó a Buenos Aires mientras duró la historia, para encontrarse con esta mujer ocho años mayor, chispeante y, también ella, encantadora. Cuenta un familiar de Carlos Quijano, el prestigioso abogado uruguayo que años después fundaría y dirigiría el semanario *Marcha*, y que al parecer fue el muchacho que encendió las lucecitas, que cierta vez el joven periodista faltó a sus obligaciones a causa de Alfonsina: fue cuando se batieron a duelo en Montevideo José Batlle y Ordóñez y Washington Beltrán, y la noticia no pudo ser reflejada por el cronista porque era lunes y éste volvió con retraso después de pasar el fin de semana en Buenos Aires.

De todos modos, sea quien fuera el otro, Alfonsina conoció la lucecita de una nueva relación. Juan de Ibarbourou, lo contó años después de la muerte de la poetisa argentina: "En 1920 vino Alfonsina por primera vez a Montevideo. Era joven y parecía alegre; por lo menos su conversación era chispeante, a veces muy aguda, a veces también sarcástica. Levantó una ola de admiración y simpatía... Un núcleo de lo más granado de la sociedad y de la gente intelectual la rodeó siguiéndola por todos lados. Alfonsina, en ese momento, pudo sentirse un poco reina. Tuvo su corte. Tuvo sus cortesanos. Ella reía, jugaba, pero creo que también fue herida en el juego... Cuando el barco partió, llevándosela, Alfonsina dejó tras sí una estela de simpatías profundas, y algo más: alguien, en el muelle, encendía pequeñas luces hasta que el barco no fue visible en la noche. Alfonsina debió verlas en forma de corazón".[36]

Lucecitas, corazones, lo cierto es que de ese viaje nació uno de sus poemas más hermosos e inusuales, el que dedica "A un cementerio que mira al mar", y que está inspirado en la visita que hace el grupo de argentinos al viejo cementerio del Buceo. Por cierto, esta visita impresionó a las dos poetisas, y Delfina lo describe así en su diario:

"Hemos visto mar (o río con pretensiones de mar) y andado el día entero velozmente, cruzando en automóvil las subidas y las bajadas, los jardines y las calles, la ciudad y el campo" (se refiere al cementerio de la ciudad), y añade: "Y el otro cementerio, un parque a orillas del mar. Azul el agua. Y era a mediodía y era verano cuando fuimos. A cierta altura sobre el agua azul, pequeñas tumbas de mármol tan blanco, pero tan blanco, que bajo los rayos ardientes de aquel sol resultaba deslumbrante, relampagueante: una rara iluminación y blancura de la tierra, de la muerte, de la piedra".

De Alfonsina hay dos versiones de la visita al cementerio. Una, publicada en el diario *El Social*, una publicación barrial probablemente de Parque Patricios, e incluida dentro de una nota publicada con el título de "Impresiones de Montevideo".[37] Allí dice:

"La mañana que llegué a Montevideo, un sol ardiente se recostaba sobre las aguas de la gran boca del Atlántico, preocupado por quitarle aquella su frialdad entre verdosa y negruzca, donde no se hubiera agradado sentir envuelta mi persona, fatigada esa mañana por mi obligado insomnio de viajera nerviosa." En su visita al Prado, al descubrir una estatua, recuerda los versos de Delmira Agustini: "Eros, ¿acaso no sentiste nunca piedad de las estatuas?", y volvió encantada con la playa de Carrasco y la rambla de Pocitos, al punto de que compara la hilera de sillas con los dientes de una mandíbula que trituran al que pasa, y se divierte con Capdevila y su mujer mientras van a la playa Ramírez.

Si la descripción a pluma suelta de Delfina es ciertamente bella, y sorprende que Alfonsina reflexione acerca de la posibilidad de que el mar se apodere de su persona, en su poema "A un cementerio junto al mar" convierte el motivo en un desgarrador diálogo con los muertos:

> Decid, oh muertos, ¿quién os puso un día
> así acostados junto al mar sonoro?
> . . . .
> En primavera, el viento, suavemente,
> desde la barca que allá lejos pasa,
> os trae risas de mujeres... Tibio
> un beso viene con la risa, filtra

> *la piedra fría y se acurruca, sabio,*
> *en vuestra boca y os consuela un poco...*

Y luego el desgarrado pedido de los muertos:

> *Venid, olas del mar, rodando;*
> *venid de golpe y envolvednos como*
> *nos envolvieron, de pasión movidos,*
> *brazos amantes. Estrujadnos, olas,*
> *movednos de este lecho donde estamos*
> *horizontales, viendo cómo pasan*
> *los mundos por el cielo, noche a noche...*

Cuando el mar haya arrebatado a las tumbas los cadáveres, se verán:

> *...algunas desprendidas cabelleras,*
> *rubias acaso, como el sol que baje*
> *curioso a veros, islas delicadas*
> *formarán sobre el mar y acaso traigan*
> *a los pequeños pájaros viajeros.*

Resulta evidente que hay símbolos que se comunican a través de los años, y que el mar es uno de ellos en la poesía y en la vida de Alfonsina. Hermosos versos, de una soltura y una autonomía estilística notables, que no pueden ser reducidos a ninguna influencia. Alejandro Storni cuenta que un amigo de la familia sostenía que Alfonsina había nacido en alta mar, poco antes de llegar sus padres a Suiza. No sabemos hasta qué punto es verosímil este dato, pero sin duda el mar la atraía poderosamente, y este poema, si bien resultado de la impresión precisa de una visita a un cementerio, revela una comprensión estética muy grande del abandono y la soledad que representa la muerte.

En la oportunidad de su primera visita a Montevideo conoció a Juana de Ibarbourou, con la que nunca tuvo una amistad, probablemente porque la uruguaya era hermosa y autosuficiente, y no comprendía mucho del sarcasmo y la lúcida inteligencia de Alfonsina. Lo cuenta Juana con estas palabras: "Entre Alfonsina y yo no hubo nunca esa aproximación profunda que llega a ser una amistad del alma. Cuando la conocí, ella era ya desdichada, amarga y mordaz bajo su constante sonrisa y su buena salud rosada. Yo era aún muy feliz y casi inocente hasta la candidez más indefensa. Sus bromas, su ágil pensamiento, su fondo de mujer conocedora y desengañada de las gentes, me desconcertaban.

No estaba entrenada en la esgrima de la palabra ágil y cáustica y creo que ella se alejó de mí con la seguridad de que era una muchacha sin ningún interés espiritual, demasiado amparada por una familia que me adoraba; y que el verso no era en mí más que uno de esos caprichos misteriosos de la suerte, que suele convertirse en instrumento de inesperadas resonancias a una caja hecha de madera común, sin el afinamiento de una selección que justifique su eco musical. Sintiendo ese juicio que creo no fue totalmente reservado, me escondí en mí misma como el caracol dentro de su causa inexpugnable. Y ya nuestros corazones no se encontraron jamás".[38]

En ese año de 1920, luego de la publicación, en años sucesivos, de sus libros *Irremediablemente* y *Languidez*, en los que continúa con su estilo poético de *El dulce sueño*, se muda a la casa de la calle José Bonifacio 2011, y comienza a escribir los poemas de su próximo libro, *Ocre*, que tardará todavía cinco años en publicar. En sus libros de estos años reitera la temática de la mujer, y a ellos pertenecen dos clásicos: "Incurable", donde la autora reconoce su filosofía del goce inmediato en los versos que dicen: "Este cielo es tuyo, es tuya la vida, / sábela tomar, / aprende una cosa, la que menos sabes, / aprende a gozar.", y "La caricia perdida", una nueva manera de lamentar sus fracasos sentimentales: "Se me va de los dedos la caricia sin causa, / se me va de los dedos..." (...). "Pude amar esta noche con piedad infinita, / pude amar al primero que acertara al llegar. / Nadie llega. Están solos los floridos senderos. / La caricia perdida, rodará... rodará...".

Si Alfonsina hubiera podido ejercer su facultad reflexiva a través de esta temática y escribir pequeños ensayos sobre estos descubrimientos que la colocan en el lugar de la mujer que quiere manejar su sexualidad con la libertad de un hombre, tendríamos hoy un testimonio de época invalorable.

Sin embargo, comienza a permitirse a sí misma ejercer un periodismo lindante en lo sociológico, en el que va a abordar la temática de las costumbres y de las relaciones entre los sexos. Ese año, en el diario *La Capital,*de Rosario, aparece una nota suya con el título "La armonía femenina".[39] Las ideas son nuevas, sobre todo en un momento en que todas las publicaciones tienden a recomendar a la mujer disimular su personalidad en aras de un matrimonio feliz. Alfonsina ve en la armonía femenina una manera de defenderse, y señala las deficiencias de su educación tradicional, que la ponen frente a las realidades de la vida absolutamente desarmada. Y se atreve a enunciar estas ideas absolutamente osadas:

"Al frecuente egoísmo masculino, sólo puede oponérsele, conforme a la manera como está construida hoy la sociedad, la comprensión prudente y exquisita de la mujer (...). Pudiera ser que mañana, otros conceptos y otras leyes modificaran fundamentalmente nuestro sistema social y, entonces, la abnegada comprensión de la mujer resultara innecesaria. Tal sería el concepto sancionado por las leyes de una misma moral para ambos sexos. Pero esto parece estar muy lejos todavía."

Una estación de amor

I

En 1922, Alfonsina comienza a frecuentar la casa del pintor Emilio Centurión, de donde surgiría posteriormente el grupo Anaconda. Allí conoce, seguramente, al escritor uruguayo Horacio Quiroga, que había llegado de su refugio en San Ignacio, Misiones, durante el año 1916, luego de que su esposa, Ana María Cires, se suicidara envenenándose.

La personalidad de Horacio Quiroga, sin duda el cuentista más importante de la literatura rioplatense de este siglo, reflejaba las perturbaciones de su carácter. Su historia es conocida. Cuando Quiroga tenía apenas unos meses de edad, en una excursión a las afueras de Salto, su ciudad natal, su padre se mató al disparársele involuntariamente su escopeta. La madre, que llevaba al bebé en brazos, lo dejó caer, aterrada por el espectáculo. Años más tarde, cuando Quiroga era todavía un niño, su padrastro se suicidó y él fue quien descubrió el cadáver. En Montevideo, cuando ya había comenzado a publicar sus primeras composiciones, luego del viaje a París y de sus vinculaciones con escritores como Rubén Darío y Manuel Machado, otra vez la desgracia se ensaña con él, y esta vez obra por su mano. En casa de su amigo Ferrando, que iba a batirse a duelo con otro escritor, Quiroga examina la pistola de dos caños que va a usarse en la ocasión. Según una crónica de la época,[40] "oyóse un grito de dolor y Ferrando cayó sobre la cama, la bala le había penetrado en la boca, alojándose en el occipital sin salir". Este episodio, que tiene intervención policial y del que Quiroga sale declarado inocente, motiva su viaje a Buenos Aires pocos días después y su instalación definitiva en la Argentina. Por eso el suicidio de su mujer no es más que uno en la larga cadena de episodios trágicos que culminará con el suicidio del mismo Quiroga en 1937, y el de sus tres hijos en años posteriores.

Su personalidad tenía que resultar absolutamente atractiva para Alfonsina. Un hombre tan marcado por el destino, que, además, se había atrevido a exiliarse en Misiones, e intentado allí forjar un paraíso, estaba hecho un poco a la medida de sus necesidades. De Quiroga dicen sus amigos Brignole y Delgado,[41] al escribir su biografía: "capaz de encantar a un alma femenina por sus notas de ternura y sus reverberaciones espirituales, mas al tiempo celoso, lunático, dominante". Lo que no cuentan, pero sugieren, es que además era un hombre absolutamente sensual, para quien el sexo jugaba un papel muy importante. Difícil equilibrar la magnitud de su deseo con las posibilidades de las casi niñas de las que solía enamorarse, y quizás de este desequilibrio surge el dramatismo que signó todas sus relaciones.

Pero en 1922 ya habían pasado algunos años de la muerte de Ana María, y Quiroga vivía en un departamento de la calle Agüero, esquina Santa Fe. Antes, en el sótano de la calle Canning, donde se instaló, viudo, con sus dos hijos de cinco y cuatro años, pudo salir adelante gracias a los amigos, entre los que no faltaron los uruguayos, que lo visitaban con frecuencia. Sus biógrafos cuentan también que allí "el elemento femenino no faltaba. Aparte de las poetisas y literatas, consideradas como integrantes del grupo por derecho de intelectualidad, solían venir chicas más o menos ingenuas, algunas domiciliadas en los altos de la finca cuyo sótano habitaba".

Y añaden más adelante: "Era lo único que a él y a sus amigos hacía abandonar la construcción de la chalana...".

Porque en aquellos días Quiroga se esforzaba en construir con sus propias manos una embarcación que usaría en los ríos misioneros, adonde planeaba constantemente volver. Los amigos se preocupan bastante de la personalidad impetuosa de Quiroga, anticipan que se cuidaba de traspasar los límites impuestos por sus principios, pero aclaran que muchas veces los transgredió, siempre con poca suerte. A veces intentaba asaltos nocturnos a la casa de sus enamoradas, y dicen los amigos que sus fracasos "lo obligaban a fugas tragicómicas por escaleras y tejados".

Todo esto debió atraer a Alfonsina. Los amigos conocían detalles que no revelan, pero que en las cartas se dejan entrever a través de frases que muestran a Quiroga como a un sátiro de larga barba y ojos azules. "Anda por Buenos Aires una admirable criatura de dieciséis años, a cuyo recuerdo soy fiel en razón de una noche que cené en su casa, ocupando la larga hora en buscar con mi pie debajo de la mesa lo que ¡oh, Dios! me fue acordado encontrar con ajeno beneplácito. Aun llegué a bajar la mano, en pretexto de corregir la servilleta, y la coloqué, con la curva precisa, sobre su rodilla, un momento, un solo momento."[42] Habla de "sesiones de besos", de honradez burguesa por parte de otra chica que le impide, a pesar de estar a solas con él, avanzar tanto como quisiera, y también de otra en quien, dice, "ejercito múltiples facultades" y "en cuyo sentimiento he entrado, como bella promesa de mejor introducción".[43]

A Horacio le gustaban los animales salvajes, raros, propios del lugar en el que se había instalado a vivir cuando se casó con Ana María. Amaba los objetos hechos con sus propias manos, y hacía que sus hijos usaran ropa hecha con pieles curtidas por él mismo. Decoraba sus modestas viviendas con todos los recuerdos de la selva, y quedan testimonios de la cordialidad de sus encuentros y de la hospitalidad de sus hogares. En 1922, era ya el autor de sus libros más importantes, *Cuentos de la selva*, *Anaconda*, *El desierto*. Vivía modestamente de sus colaboraciones en diarios y revistas y desempeñó un papel protagónico en el intento de profesionalizar la escritura que realizaron los escritores de la época.

Cuentan sus biógrafos que le gustaba recibir a sus amigos escritores junto con sus esposas, y allí, en la calle Agüero, entre sus pieles de víbora, los armadillos y pumas cazados por él y disecados, sus colecciones de cacharros de barro modelados por sus manos, y el licor de naranjas destilado por él mismo, las reuniones se transformaban en francos encuentros donde no sólo se hablaba de arte y literatura, sino que también se jugaba a las prendas y se bailaba fox-trot y tango. La casa no era un prodigio de orden, pero irradiaba toda la enorme vitalidad de ese hombre que creía en sí mismo más que en otra cosa, y que buscaba desesperadamente la felicidad, quizás por caminos equivocados. Un día, su hijo Darío se sentó encima de una pila de discos de gramófono, aquellos discos de pasta que se quebraban al menor golpe. Quiroga se enfureció y gritó al chico, para darse cuenta al instante de la desmesura de su reacción, ya que no era fácil distinguir qué cosas eran delicadas y cuáles no, en medio de aquel desorden lleno de encanto.

Cuando Quiroga menciona por primera vez a Alfonsina en una de sus cartas a José María Delgado, [44] es para aconsejarle que venga a Buenos Aires a discutir personalmente su libro de poemas con "la Storni", como la llama, con quien lo pondrá en contacto, dado que ésta le ha comentado que quiere conocerlo. Alfonsina tiene apenas veintisiete años, ha publicado tres libros, y está trabajando en la traducción de los poemas de Delfina Bunge. Leía ávidamente lo que escribían los otros poetas. Ese año había aparecido *Las lenguas de diamante*, de Juana de Ibarbourou, con prólogo de Manuel Gálvez, y se conocerían las dos mujeres en Montevideo.

No hay datos de la amistad con Quiroga en los documentos que ha dejado Alfonsina. Sí en los testimonios de los que fueron sus amigos. El encuentro con Quiroga seguramente no fue amoroso en un principio, pero sí más adelante. Cuenta Norah Lange que en una de las reuniones habituales en su casa de la calle Tronador, adonde iban todos los escritores de la época, jugaron una tarde a las prendas. El juego consistió en que Alfonsina y Horacio besaran al mismo tiempo las caras de un reloj de cadena, sostenido por Horacio. Este, en un rápido ademán, escamoteó el reloj justo en el momento en que Alfonsina aproximaba a él sus labios, y todo terminó en un beso. Norah añade que este episodio disgustó a su madre.[45] El episodio está elaborado en un poema de Alfonsina, "Tú, que nunca serás", donde aparece el recuerdo:

> Sábado fue y capricho el beso dado,
> capricho de varón, audaz y fino,
> mas fue dulce el capricho masculino
> a este mi corazón, lobezno alado.

> No es que crea, no creo, si inclinado
> sobre mis manos te sentí divino,
> y me embriagué, comprendo que este vino
> no es para mí, mas juego y rueda el dado...

Y termina, como siempre, con la síntesis de su fracaso reiterado:

> Ah, me resisto, mas me tienes toda,
> tú que nunca serás del todo mío.

En aquellas reuniones se gestaría esta profunda amistad, a la que el amor seguramente añadió un atractivo más, pero no el fundamento. Alfonsina es una mujer distinta de las otras, se nota en sus ademanes, en su risa que no se disimula ni contiene, en las malas palabras con las que salpica desenfadadamente su conversación. Lo es, también, en la despiadada investigación que hace de sí misma como escritora y como mujer.

Nalé Roxlo reproduce una conversación entre ellos dos,

85

que recuerda de una reunión en casa de Norah Lange.[46] No puede precisar la fecha, pero recuerda que Alfonsina estaba en el mejor momento de su vida literaria, y que había ya recibido el Primer Premio Municipal y el Segundo Premio Nacional.

"Aquella tarde, siguiendo una conversación ya comenzada, Alfonsina le decía al padre de Anaconda:

"—Sí, yo era muy mentirosa de chica. Pero no mentía para beneficiarme ni para eludir un moquete. Mis mentiras eran desinteresadas y después me he dado cuenta de que las decía para crear un mundo más excitante que el que me rodeaba.

"—¿Y ahora? —preguntó Quiroga con la sonrisa disimulada en la barba.

"—Ahora me he empobrecido mucho: no tengo más que la verdad —respondió ella dejando escapar una risa alta y sonora."

Quiroga la nombra frecuentemente en sus cartas, sobre todo entre los años 1919 y 1922. No podemos saber cuánto duró el interregno amoroso, pero lo cierto es que la mención que Quiroga hace de Alfonsina la destaca de un grupo donde había no sólo otras mujeres sino también otras escritoras.

El 19 de febrero de 1921, Quiroga le escribe a su amigo José María:

"Ayer estuve una hora aquí con la Storni, a quien le di un libro tuyo, a cuenta del que le mandarás tú. Yo creo que si vuelves a leer con detención El dulce sueño, te vas a reconciliar de pleno con la dama". Si comparamos con las referencias desaforadas con que mencionaba a aquellas chicas a las que acariciaba por debajo de la mesa, aquí algo hay que es nuevo. Hay respeto por la obra de una mujer, que aparece como su igual. Cuando unos meses después le avise al amigo que el grupo Anaconda viajará en pleno a Montevideo, la lista la encabeza Alfonsina, sin el apellido, en una mención que revela la confianza entre ambos. El 11 de mayo de 1922 anuncia una visita para unos días después, con sus hijos, pero añade: "Casi seguro que irá también Alfonsina. Podríamos comer todos juntos. Si Juanita I. nos acompaña, mejor". Claro, era importante equilibrar el grupo con otra poetisa, y de allí viene la invitación a la de Ibarbourou. Y luego, en otra carta, esta vez de julio de 1922, anuncia otro viaje pero especifica, para tranquilidad de las esposas de sus amigos: "El jueves 27 estaré en ésa, por diversos motivos, y *solo* como un hongo. Esto lo advierto para que lo comuniques a tu mujer".

Emir Rodríguez Monegal,[47] otro biógrafo de Quiroga, recoge el relato del poeta uruguayo Emilio Oribe, según el cual Quiroga fue a esperar a Alfonsina a la salida de unas conferencias que ésta dio en la universidad, seguramente sobre la poesía de Delmira Agustini. Quiroga rechazó asistir al acto, pero en cambio esperó a Alfonsina cubierta su cabeza con un descomunal sombrero de paja. Imaginamos la sorpresa de los habitantes del barrio cercano al puerto, al ver pasar a una rubia mujer, menuda, seguramente muy compuesta, acompañada por este barbudo del sombrero.

Por esa época Alfonsina escribe sobre Quiroga el escritor:

"Horacio Quiroga pertenece al grupo de los instintivos geniales, de los escritores desiguales, arbitrarios, unilaterales y personalísimos. Como todos los instintivos no da su máximum sino en aquellos temas que se ajustan perfectamente a su naturaleza individual, y producen obras de sabor inimitable. Este escritor, más que un hombre de temperamento dúctil, solado, afinado por la civilización y el brillante cepillo de las bibliotecas, es un muñón de la tierra, levantado sobre ella para observar la naturaleza en su juego total de encontrados intereses, con ojos ávidos, escudriñadores, impresionados y celosos de toda sensación de fuerte colorido. Enamorado sincero de la naturaleza, sus grandes aciertos de escritor le vienen de haberla poseído, en su contacto rendido y frecuente, como a una mujer, y de haber visto al hombre, su hermano en la lucha por el alimento diario y el oro que da la libertad, caer destrozado ante su impasibilidad y su 'razón' oscura, fatal y legítima. Para la sensibilidad morbosa y algo anormal de Quiroga los excitantes son visibles: fenómenos de vida y muerte; accidentes de lucha y fuerzas; estados extremos de la psiquis humana: locura, crimen, pasión, enfermedad, deformidad. De vez en cuando el tema sentimental, tratado lo menos sentimentalmente posible, la aislada nota irónica, el estudio escuetamente científico, o el simple relato de un hecho del que fuera testigo presencial".[48]

Alfonsina revela en este fragmento no sólo ser una excelente prosista, al mismo tiempo que una profunda conocedora e intérprete de la obra de Quiroga, sino también comprender con cabal exactitud al hombre que hay detrás de sus cuentos. Esta felicidad de ser comprendido tal vez no alcanzó para sostener una relación que parece haber sido honda, por lo que atestiguan estas palabras y otros hechos posteriores. Pero sin duda debe haber colmado a ambos del goce que significa el descubrimiento propio a través de los ojos del otro.

Alfonsina visitaba a Quiroga, y frecuentaba con él las tertulias literarias, pero también lo acompañaba al cine, una de las pasiones de Quiroga, y a oír música. Una de las pasiones de ambos era la música de Wagner. Los viajes a Montevideo se suceden, uno tras otro, y las fotografías los muestran en actitudes y gestos divertidos. Quiroga había sido nombrado adscripto al consulado uruguayo, y cuentan sus biógrafos que está conforme con lo que obtiene de su puesto, sobre todo con los frecuentes viajes, en los que, en ciertas ocasiones, lo acompañaban "intelectuales, sobre todo femeninas". Y añaden: "Brum, presidente de la República, le daba audiencias especiales a él y a sus amigas, auspiciando las conferencias y los recitales de éstas. Incluso les cedía su automóvil para que satisficieran, no sólo los caprichos turísticos, sino tal o cual antojo extravagante, como el de tirar el cañonazo con que la fortaleza del Cerro anunciaba cotidianamente la puesta del sol". El lenguaje de los biógrafos es cuidadoso y púdico, y el plural con que se refiere a las amigas de Horacio, muestra la intención de no resultar indiscretos.[49]

Sin embargo, cuando Quiroga resuelve irse a Misiones en 1925, Alfonsina no lo acompaña. Quiroga le pide que se vaya con él, y ella, indecisa, consulta con su amigo el pintor Benito Quinquela Martín. Aquél, hombre ordenado y sedentario, le dice: "¿Con ese loco: ¡No!".[50]

Alfonsina fue más cautelosa que otras mujeres que no vacilaron en acompañarlo, y los dos viajes terminaron trágicamente. Alfonsina se quedó en Buenos Aires. 1925 es el año de la publicación de *Ocre*, un libro suyo importante, que marca un cambio decisivo en su poesía. Desde hace dos años es profesora de Lectura y Declamación en la Escuela Normal de Lenguas Vivas, y su postura como escritora está absolutamente afianzada entre el público y sus iguales. Por aquella época muere José Ingenieros, y esto la deja un poco más sola. Lo había conocido de una manera muy especial, una tarde que entró a una librería de la calle Florida. Allí, mientras vigilaba la pila de sus libros, un señor de barba corta y bigotes supo, por unas palabras del vendedor, que aquella muchacha era la autora de *La inquietud del rosal*. Se acercó para presentarse: José Ingenieros, diría. Y la invitó a una reunión del grupo socialista al que pertenecía. Alejandro Storni recuerda haber oído contar a su madre que, cuando ella intervino en la discusión, Ingenieros la provocó amablemente, dudando de sus aseveraciones, para finalmente comprender que se trataba de alguien que hablaba con fundamento, y aceptarla sin reservas. La muerte de los amigos es difícil de sobrellevar, pero Alfonsina tiene otras compensaciones. Acaba de mudarse a la casa de la calle Cuba, allí su cocina, por fin propia, como la recuerda su amiga Haydée Ghio parece "la cocina de una europea". Alejandro recuerda la lista de los menúes semanales colgada decorativamente de una de las paredes.

Sin embargo, en una carta a su amigo Julio Cejador, escribe por esa época: "...sufro achaques de desconfianza hacia mí misma. De pronto la fiebre me posee y lo olvido todo: en estos momentos produzco, publico. Y el círculo de estos hechos se prolonga sin variantes sobre la misma espiral... ¡Es que a las mujeres nos cuesta tanto esto! ¡Nos cuesta tanto la vida! Nuestra exagerada sensibilidad, el mundo complicado que nos envuelve, la desconfianza sistematizada del ambiente, aquella terrible y permanente presencia del *sexo* en toda cosa que la mujer hace para el público, todo contribuye a aplastarnos. Si logramos sostenernos en pie es gracias a una serie de razonamientos con que cortamos las malas redes que buscan envolvernos; así, pues, a tajo limpio nos sostenemos en lucha. 'Es una cínica', dice uno. 'Es una histérica', dice otro. Alguna voz aislada dice quedamente: 'Es una heroína'. En fin, todo esto es el siglo nuestro, llamado el siglo de la mujer".[51]

Esta lucidez de Alfonsina no era, por cierto, común en la sociedad argentina de su época, en estas lejanas tierras del sur. Pero si bien los conceptos engloban a la generalidad de las mujeres que quieren vivir una vida elegida por ellas mismas y no impuesta, en estas palabras hay un fondo de amargura que tiene que ver con la propia historia.

La relación con Quiroga fue una oportunidad de encuentro excepcional. La simetría de sus situaciones —ambos solos con hijos de la misma edad—, desterrados de ese paraíso original que representa la infancia feliz, pecadores más allá de la convenciones, en busca ambos de la redención a través de la literatura, debió resultar difícil, pero también intenso. Por eso en sus colaboraciones de ese año en *Caras y Caretas* hay un poema que llama la atención. Se llama "Encuentro" y por lo visto puede asociarse al fin de cualquier amor:

> *Lo encontré en una esquina de la calle Florida*
> *Más pálido que nunca, distraído como antes.*
> *Dos años largos hubo poseído mi vida...*
> *Lo miré sin sorpresa, jugando con mis guantes.*

Y una pregunta mía, estúpida, ligera,
De un reproche tranquilo llenó sus transparentes
Ojos, ya que le dije de liviana manera:
¿Por qué tienes ahora amarillos los dientes?

Los transparentes ojos bien pueden ser los ojos azulverdosos del hombre que fue a buscar otra vez a Misiones un poco de paz. En 1925, Quiroga deja su departamento de la calle Agüero a un amigo de todos, el uruguayo Enrique Amorim, que en esa época vivía en Buenos Aires, y parte a San Ignacio, solo. Debió resultarle difícil a Alfonsina decirle que no a ese hombre barbudo y neurótico, pero encantador. El mismo Amorim cuenta las condiciones de su instalación en la calle Agüero, y cómo resolvió, con el acuerdo de Julia, la empleada, utilizar para trabajar la biblioteca del pequeño departamento. "Fue allí que me sorprendió escribiendo, el día que apareció sin anunciarse, por supuesto, Alfonsina Storni. Había pasado por la calle Agüero y quería tener noticias de Quiroga. Horacio a nadie escribía. Sin embargo, a Alfonsina tenía por qué escribirle."[52]

Seguramente Alfonsina reanudó sus paseos por la Costanera Sur, desde donde, sentada frente a una ventana de la confitería Munich, pensaría en algún poema melancólico y distinto. Pero lo cierto es que, un año después, cuando volvió Quiroga, reanudaron la amistad, que fue extinguiéndose en lo que pudo haber tenido de amoroso, para dejar lugar a un vínculo que no se rompió sino con la muerte. Quiroga alquiló otra casa en Vicente López. Allí, bajo la piel de Anaconda, habrán vuelto a leerse sus trabajos, y habrán reanudado sus salidas al cine, al palco de Quiroga en el Grand Splendid, a los conciertos de la Asociación Wagneriana. Lo cierto es que, a principios de 1927, Horacio conoció a su segunda esposa, María Elena Bravo, amiga de su hija Eglé, y éste es el fin para Alfonsina.

Cuando, más de diez años después, Delgado y Brignole cuentan la vida de su amigo, se atreverán a decir, con una discreción admirativa, que, por aquella época, "sus relaciones —un si son o no juegos de amor o de inteligencia— con una de las anacóndicas, mujer de alto relieve intelectual, adquirieron caracteres deslumbrantes. El sexo estaba seguramente allí con sus magnetismos cósmicos, pero tan rodeado de galas espirituales como está el polen entre los pétalos. Abordaban los temas del amor, no como amantes, sino como admirables esgrimistas. Por más inesperado y ágil que fuera el ataque, la réplica saltaba no menos repentina y ligera. Deslumbraban con sus mutuas sutilezas. Pero si el afecto de la joven blonda fue muriendo irremediablemente por exceso de idealidad, éste siguió el mismo camino por sobresaturación de psiquismo".[53]

Así, con divertidos calificativos, las palabras de los amigos de Horacio ponen fin a la parte amorosa de esta relación tan importante y que abarcó casi veinte años en su totalidad. La joven blonda es sin duda Alfonsina, no sólo por el color de su cabello sino también por su alto relieve intelectual, y el calificativo de esgrimista le va muy bien a Quiroga, que entre sus muchas veleidades tuvo la de practicar ese deporte. Irremediablemente, palabra elegida con doble intención, es el título del tercer libro de poemas de Alfonsina, aparecido en 1919.

No cabe duda de que Alfonsina amó a Quiroga, lo apreció como el compañero que pudo haberla comprendido más que nadie en un ambiente en el que los dos eran excepcionales, y cuando éste se mate, diez años después, le dedicará un poema conmovedor y memorable.

Años de equilibrio

I

En el año 1923, la revista *Nosotros*, que lideraba la difusión de la nueva literatura argentina, y con hábil manejo formaba la opinión de los lectores, publica una encuesta, dirigida a los que constituyen "la nueva generación literaria". Antes de publicar las respuestas, tarea que ocupa varios números consecutivos, aclara algunos de los fundamentos de esta iniciativa. Dice que "de tiempo en tiempo suele oírse entre nosotros alguna joven voz disconforme que tienta, en nombre de sus contemporáneos, de hacer una revisión de los viejos valores, de enjuiciar a las generaciones pasadas, de señalar entre una época anterior y la nuestra diferencias de sensibilidad y de ideología. Cuando esto acontece, decimos los espectadores que la nueva generación trae un credo propio, una fe nueva". La pregunta en relación con la poesía está formulada sencillamente: "¿Cuáles son los tres o cuatro poetas nuestros, mayores de treinta años, que usted respeta más?"

Alfonsina Storni tenía en ese entonces treinta y un años recién cumplidos, es decir, que apenas bordeaba la cifra exigida para constituirse en "maestro de la nueva generación". Pero lo cierto es que había alcanzado niveles de consagración propios de poetas mayores. Su libro *Languidez*, de 1920, había merecido el Primer Premio Municipal de Poesía y el Segundo Premio Nacional de Literatura, lo que la colocaba muy por encima de sus pares, porque además la diferenciaba de ellos el tener ya publicados nada menos que cuatro libros.

Muchas de las respuestas a la encuesta de *Nosotros* coinciden en uno de los nombres: Alfonsina Storni. Algunos, tímidamente, y esgrimiendo razones donde los verdaderos móviles aparecen muy mezclados; galantería, cierta concesión a un gusto general, pero finalmente es el innegable aprecio a una voz nueva y que por ello mismo sorprende e impresiona. El uruguayo Enrique Amorim, amigo de Quiroga, de Gálvez y de la misma Alfonsina, mezcla nombres uruguayos con argentinos, aclarando que la literatura rioplatense es toda una; las elegidas son todas mujeres: Juana de Ibarbourou, Alfonsina Storni, Emilia Bertolé, Margarita Abella Caprile, María Eugenia Vaz Ferreira. Parece que Amorim, que entonces tiene veintidós años, admiraba mucho a las mujeres. Homero Guglielmini menciona a Alfonsina; Guillermo Juan, que tiene diecisiete años, responde con ingenio que "los tres o cuatro poetas mayores de treinta años son Alfonsina Storni, y perdóneseme la gramática". Lorenzo Stanchina la sitúa junto a Fernández Moreno y a Héctor F. Blomberg. Otro boedista, Nicolás Olivari, la iguala también a Fernández Moreno. Leopoldo Marechal, de veintitrés años por entonces, forma un cuarteto que incluye a Alfonsina junto con Banchs, Capdevila y Obligado. Roberto Ledesma, de veintiún años, aclara que "por temor a ofenderla, no nombro a la Storni, porque la encuesta se refiere a escritores de más de treinta años". Finalmente Alfredo Bufano elige un libro de cada uno de los tres poetas que menciona, y añade "Alfonsina Storni me gusta en todos sus libros".

Aquellos fueron sus buenos años. Los recordaría con nostalgia cuando, apenas diez años después, la vida se convirtiera para ella en una carga demasiado pesada. Pero eso todavía no ha llegado: tiene su puesto en el Instituto Lavardén, donde enseña teatro a los chicos, y el ministro Sagarna, amigo suyo, lector y admirador, la nombra profesora de Lectura y Declamación del Instituto Normal de Lenguas Vivas. Roberto Giusti, que junto con el concejal Villarreal tuvo la iniciativa de nombrarla en el Lavardén, la recordará, en su homenaje de 1938, con palabras certeras: "La conocisteis: no era hermosa, aunque la transfiguraba el don de simpatía que de ella irradiaba. Lo sabía, y como también sabía qué es lo que más se precia en la mujer, lloraba íntimamente la ausencia del hada que había faltado en su nacimiento. Otra desventura la afligió: sus nervios enfermos que le daban escasos períodos de tregua y reposo. Aquella inquietud la traicionaba a menudo. En la conversación tenía el aire de quien, avergonzado de sentirse a punto de ser sorprendido en una debilidad del sentimiento, se repone de pronto y meneando la cabeza para espantar la mariposa negra que anda revoloténdole en torno, se ríe con risa demasiado estridente para engañar a nadie, y sale del paso con cualquier frivolidad".[54]

Muchos han hablado de los nervios de Alfonsina, y por algunas cartas que de ella se conservan, vemos que la alusión a sus preocupaciones, a malos ratos y apuros, a debilidades de la voluntad, así como a oscilaciones de la salud, son constantes. También lo son las sensaciones de que el otro está molesto con ella, así como la afirmación de que hay tiempo para devolver los favores a quienes son generosos con ella. ¿Inseguridad? ¿Fórmula de cortesía? En otro contexto hubiera podido dejarse de lado esta reincidencia, pero en el de esta vida que se advierte tan frágil, resulta imposible dejar de interpretarla. En una carta a Giusti, fechada probablemente antes de 1921, porque da como dirección la de la calle Acevedo, donde vivió hasta esa fecha, le da "muchas, infinitas gracias por las generosas palabras que dijo usted, respecto de mí el sábado pasado. Creía que usted estuviera molestado conmigo, y aquello me ha aligerado muchísimo".[55] Pero ya en carta de 1922, febrero 25, le dice a Giusti que habló con Cancela —colaborador del suplemento literario— y aquél le encarga trasmitirle que envíe lo que quiera al diario *La Nación*. ¿Devolución de favores recibidos? Sí, pero también posibilidad de tener el pequeño poder que significa ser colaboradora permanente del diario, donde firma con el seudónimo Tao-Lao. Por esa época empiezan también los viajes anuales a Córdoba, que le receta su amigo José Ingenieros. Se siente perseguida, y visita al diputado Víctor Juan Guillot para pedirle que le presente al jefe de policía porque los vigilantes la insultan con palabrotas. Cierta o exagerada, de todos modos es un síntoma de persecución grave. Lo es también, aunque en otro nivel, la sospecha de padecer tuberculosis.

Las estadías a veces se prolongan. En una de ellas, en el hotel de los Molles, Alfonsina se propone enseñarle a Alejandro lo que no pudo aprender porque ha dejado de ir a la escuela. El hijo la recuerda con el guardapolvo blanco que se ponía, para darle más seriedad a la situación. El descanso le hace bien, ordena su vida fragmentaria. Le permite elegir los momentos para escribir. Integrarse a una vida literaria organizada, como lo son las reuniones en la casa del pintor Emilio Centurión, en los altos del teatro Empire, que entonces era cine, en la esquina de Corrientes y Maipú, donde la conoce Nalé Roxlo.

Empieza a perfilarse una imagen inédita en nuestra historia literaria hasta entonces, la de una activa escritora que vive de su pluma y de su intelecto, que puede permitirse la coquetería pero también cierto rechazo a las convenciones sociales, y sobre todo, que no necesita de un hombre al lado para salir adelante. Claro, al leer su poesía esta imagen de autosuficiencia adquiere contornos patéticos, desgarradores, pero las jóvenes que recitaban los versos de "La caricia perdida" sin duda aceptan tácitamente el desdoblamiento que representa la literatura.

Los reportajes comienzan a mostrarla en las páginas de las principales revistas: *Caras y Caretas*, *Mundo Argentino*, *El Hogar*. Aparece fotografiada en las páginas sociales, junto a otras mujeres que escriben. Para esta hija de un inmigrante suizo que se volvió neurasténico y borracho y se dejó morir, oscuramente, en un barrio suburbano de la ciudad de Rosario, no es poca cosa aparecer fotografiada, antes de los treinta años, junto a la nieta del general Mitre. Y todo por la fuerza de sus convicciones, por la claridad de sus ideas. Margarita Abella Caprile, que de ella se trata, comienza a publicar una poesía tímida y de ribetes religiosos. Alfonsina se atreve a decir, y todos la admiran por eso, "pude amar esta noche con piedad infinita, / pude amar al primero que acertara a llegar".

La revista *Mundo Argentino* la entrevista en 1924, en una sección llamada "Cómo viven y trabajan nuestros escritores", firmada por Enrique M. Rúas.[56] Un dato importante: acaba de ser editada una antología de Alfonsina por la editorial Cervantes de Barcelona, en la colección "Las mejores poesías de los mejores poetas", y se han vendido, hasta ese momento, seis mil ejemplares. Interrogada por el periodista sobre el destino de los cinco y diez mil pesos que, respectivamente, recibiera por los premios Municipal y Nacional, Alfonsina responde que los cinco mil se los gastó en dos viajes a Mar del Plata y otro a Córdoba, y los diez mil los reserva para un viaje a España.

Alfonsina está sentada, trabajando en responder las cartas que recibe de sus admiradores. Con un manual de grafología, verifica las cualidades de uno de ellos, un hombre, por supuesto. El divertido periodista toma una de las cartas, al azar, y pide permiso para leerla. Curiosamente, en las seis páginas y media firmadas por "Geo Zahr", la admiración literaria ha dejado paso a un monólogo de otro tipo: "Esta mañana, al azar, he leído un nuevo artículo de usted... Desde esta mañana la admiro a usted más. Usted me atrae. Ahora trato de libertarme de esta fascinación; por eso le escribo. Hay un amor más fuerte que el amor que acerca los cuerpos: es el amor que acerca las almas. Para librarme de lo primero, yo tengo mi receta. Para librarme de lo segundo, yo tengo mi sangría: echo afuera mis sentimientos, y luego de exponerlos, la luz los desnuda, los seca...". ¿Quién sería el misterioso anónimo que filosofa acerca de los distintos tipos de amor? ¿Cómo seguiría esta historia? Lo cierto es que exactamente ese año, Horacio Quiroga escribe un cuento, "La bella y la bestia", en el que el ardid utilizado por Mechita, la protagonista, consiste en poner un aviso en un diario ofreciendo sostener "correspondencia literaria con escritores". El ardid es revelado por la tía de Mechita a un hombre enamorado de ella y así sigue el cuento.

Conocer a la Alfonsina de esos años a partir de las entrevistas es una tentación y un riesgo. Porque la habilidad periodística arma situaciones no del todo creíbles, a la vez que impone una imagen que debía resultar comercial. Seguramente copiada de la ofrecida por las "revistas del corazón", algo hace decir a Alfonsina, en entrevista de la revista *El Hogar*,[57] del 25 de mayo de 1928, que nació en San Juan y que su padre era arquitecto, dedicado allí a su profesión. El convencionalismo impuesto por la situación permite, sin embargo, recoger algunos datos. Como por ejemplo, el relato de una experiencia vivida junto a una amiga en Cabo Corrientes, Mar del Plata. "Trepamos desde la playa por las piedras del cabo, para alcanzar la explanada de la cima. Pero tomamos un mal camino. Al encontrarnos ante la explanada no nos separaban de ella más que dos metros de profundidad. Y no se podía retroceder. Las piedras forman una escalera, por donde puede subir una imprudente, pero por donde no se bajará sino cayendo de espaldas. La única manera de alcanzar la explanada era pasando por un estrecho y deleznable puente natural, que sólo las ratas podrían pasar sin peligro. Nos atrevimos. Pasamos como las ratas..."

Esta es la voz de Alfonsina sin el compromiso de la escritura, y en ella reconocemos la adjetivación atrevida —"puente deleznable"—, la sintaxis elegante y complicada, la habilidad para relatar. Nos enteramos, de paso, de que afirma con vehemencia no ser feminista, acepta la moda de la melena, verdadera innovación de la época, por resultar cómoda para la mujer que trabaja, asegura odiar las plumas, pero en cambio le gustan los vestidos sencillos, de colores oscuros, en la gama del kaki. No le gustan las alhajas, y no lleva ninguna, ni siquiera aros, su golosina es el café y su plato preferido el asado. No toma alcohol y tampoco fuma, aunque confiesa que ha probado el tabaco por esnobismo y que no ha conseguido entusiasmarla. ¿Deportes? No sabe patinar ni tenis ni andar a caballo, aunque admite que le gusta tirar al blanco y que, cuando los domingos sale a las afueras de la ciudad, aprovecha para tirar con rifle. Admira los tangos "Tierra negra", "Buenos Aires" y "A mi madre", en cambio no le gusta el shimmy, baile de moda. ¿Literatura? Narradores rusos, poetas alemanes tipo Heine, y en el teatro Bernard Shaw y Maeterlinck. Y un diálogo fresco y demostrativo descubre un aspecto suyo revelador.

"—¿Tiene muchas ocupaciones?

"—Demasiadas. Yo quisiera ser millonaria. Tengo una cátedra de declamación en el Teatro Infantil Lavardén, y otra de lectura y declamación en la Escuela Normal del Profesorado en Lenguas Vivas.

"—¿Es muy dormilona?

"—Duermo mucho y me gusta mucho la cama. Al despertarme, suelo quedarme en cama escribiendo.

"—¿Tiene horas para escribir?

"—No las tengo. Escribo en el momento y lugar en que se me ocurren las ideas. Por lo menos, hago los apuntes. Tal sucede cuando voy en el tranvía. Pero en la cama se está y se escribe muy a gusto. Es el lugar más muelle del mundo. ¡Ah, si yo fuera millonaria!

"—¿Y es cuando escribe en cama cuando escribe mejor?

"—Eso ya es otra cosa. Mis mejores composiciones las he producido en los momentos de angustia y dolor."

El tono picaresco de este diálogo se contrapone notablemente con la seriedad con la que Alfonsina, vestida de blanco, para contradecir sus afirmaciones, mira desde una de las fotos que acompañan esta entrevista,[58] sentada ante su escritorio y sosteniendo una lapicera con pluma cucharón. La misma que, muchos años después, todavía recuerda su hijo Alejandro, rasgando las cuartillas. Las fotos son en la pensión de la calle José Bonifacio 2011, y la muestran en traje de calle, como dice el epígrafe, cuando sale a dictar sus cátedras, o sentada en una bella alfombra "esforzándose en dar el buen ejemplo" y el paréntesis aclara "todavía no ha aprendido a tejer". O sentada junto a su biblioteca, de libros parejos y todos iguales, también acostada en un sillón, para ilustrar sus afirmaciones acerca del gusto por la cama. Otras fotos, tomadas en vacaciones, la muestran al aire libre o junto a amigas.

Pocos meses antes, sin embargo, en ocasión de la pelea Firpo-Dempsey, que enfrentó al campeón argentino conocido con el sobrenombre de "el toro de las pampas" con el campeón norteamericano, Alfonsina fue interrogada, junto a otros, para un diario llamado *La Acción*.[59] Allí su imagen es la oscura, la de la cara redonda y la mirada abismada, con el pelo que parece negro y el vestido también. "¿Qué opina usted de la sensacional pelea de mañana?", es la pregunta, y junto a ella, que tiene el espacio central y más importante, responden Antonio Braceras, comerciante, Carlos M. Pacheco, dramaturgo, un general, un juez y un médico. Alfonsina, entre los otros, es "la poetisa".

Las frases de ella son llameantes, duras, sin concesiones. "La pobre República Argentina, la tierra de los gordos trigos y las gordas vacas, y la flaca cultura y la incorregible ingenuidad, que nos sostiene a todos en su abandonado seno, ha sufrido la desgracia de dar a luz a un hijo musculoso, y desde entonces, desde esa grave y no deseada desgracia, encarnada en el muchachote llamado Firpo, la República se ha vuelto más necia de lo que era..." Luego viene la crítica a los diarios y revistas, que banalizan todo lo importante para ceder el lugar más importante a noticias tales como que el príncipe de Inglaterra come arroz hervido o que los actores Mary Pickford y Douglas Fairbanks fueron recibidos en Inglaterra como príncipes.

Su tesis es que países como el nuestro producen otro tipo de príncipes, aunque lamentablemente se glorifi-

fica al deportista mucho más que a los intelectuales o a los
científicos.

II

Pero a comienzos del año siguiente la tenemos retratada
en la Rambla de Mar del Plata, la vieja Rambla, en traje de
baño, con los rizos que ya eran plateados asomando por
debajo del gorro metido hasta tapar las orejas, o con salida
de baño blanca, tacos altos y reloj pulsera, en las piedras de
Cabo Corrientes, la melena al viento.[60]

Cuando Nalé Roxlo la conoce, en el estudio del pintor
Centurión, han quedado lejos la incertidumbre, la pobreza
y la soledad. Tres enemigos de Alfonsina, a los que trató de
exorcizar aun a costa de su felicidad. En la casa de Centurión se intercambiaban lecturas, y la escena que Nalé recuerda muestra a Alfonsina como centro. "Pequeña, move-
diza, exuberante", Fernández Moreno le pide con insistencia que recite uno de sus poemas recientes. Ella se niega,
riéndose, y finalmente anuncia que va a leer un poema de
D'Annunzio, en italiano. Nalé recuerda el movimiento de
sus manos delicadas y nerviosas, en las que sostiene el libro
de tafilete verde oscuro. Al terminar, y quizás para romper
la seriedad que se ha apoderado de todos, le pide a Quiroga
que recite uno de sus cuentos "con ademanes". La idea
hacer reír a todos, y Enrique Amorim, rubio y de veinte
años, aprovecha para reírse, a su vez, pero esta vez de
otros.

—Voy a leerles unos versos, a ver si adivinan de quien son.
Leyó:

> ¡Oh el carmín de tus labios, cuyo orgullo
> palidece al fulgor de tus caderas!
> Dame tu cuerpo. Mi perdón de macho
> velará la extinción de tu pureza
> como un fauno potente y pensativo
> sobre el derrumbe de una estatua griega.

El único que se atrevió a opinar fue Fernández Moreno, y dijo que le parecían de Lugones en un mal momento. Amorim sonreía con maldad.

—Tienen razón —respondió Quiroga, según Nalé Roxlo—, debe ser un momento muy malo para un gran poeta cuando sus versos se confunden con los de sus imitadores. Esos versos son míos y los publiqué hace mucho más de veinte años. El que no tenga un libro de qué arrepentirse, que levante el dedo.

Amorim no logró ridiculizar a Quiroga, porque Alfonsina admitió que todavía la perseguía una pesadilla: se despertaba de ella con alivio, porque el sueño consistía en que era la autora de *La inquietud del rosal*...

Ese año de 1924 termina casi con la visita a las "Tardes culturales" de Quilmes. Se trataba de unas tertulias auspiciadas por el diario *El Plata*, de Quilmes, junto a una comisión presidida por el director de la Escuela Normal, José Sosa del Valle, y la señorita Irene Sofía Rodríguez, seguramente ex alumna de esa escuela. Al presentarla, la señorita Rodríguez agradece la cooperación prestada por el diario *El Plata* y por la Municipalidad de Quilmes, por ayudar todos a ofrecer la tribuna "a la gentil poetisa Alfonsina Storni, honor de nuestra poesía, genial autora de *La inquietud del rosal*". Alfonsina habrá sonreído al escuchar que otros recuerdan ese libro del que quiere olvidarse, pero comprueba complacida que también mencionan *El dulce daño*, *Languidez* e *Irremediablemente*. Cuando le toca hablar, lo hace sobre la poesía de las italianas Adela Guglielminetti y Ada Negri. Luego todo sigue como se acostumbra, como en aquella tarde del barrio de Flores en el salón Minerva, cuando nadie se presentó a escucharla salvo sus amigos.

Los tiempos han cambiado. Ahora otra ex alumna, la señorita Norma Persichini recita "Tú me quieres blanca" y "Presentimiento", y otra señorita, esta vez de apellido Ficeli, toca al piano "exquisitos trozos musicales", como sintetiza la crónica de *El Plata*, de Quilmes. Luego Alfonsina se sale de lo programado —quizás todos esperaban que fuera así— y recita uno de sus poemas preferidos, "El romance del cazador". Quizás las oyentes hayan podido emocionarse con sus versos bien medidos, publicados en las páginas de *El Hogar*, "mas no lo maté con armas / busqué una muerte peor / lo besé tan dulcemente / que le partí el corazón". Lo cierto es que, al terminar el recitado, le entregan "un artístico ramo", según la misma crónica, y todos se fotografían, con ella en el centro, el ramo en las rodillas, los pies muy juntos, expresión de timidez. La señorita Irene Sofía Rodríguez se ve muy sonriente y satisfecha.[61]

El año 1925 se inicia con el ya acostumbrado viaje a Mar del Plata, y esta vez su foto aparece en *Caras y Caretas* junto a la de Margarita Abella Caprile, Beatriz Eguía Muñoz y Mary Rega Molina. El texto que acompaña las fotos es extraño, pero hace juego con una Alfonsina que aparece con su casquito de paja oscuro hasta las orejas y un pañuelo de seda que la ahorca. Las otras se ven más sencillas, y si en todas ellas el texto destaca lo femenino, de Alfonsina dice, en cambio, "A su lado Alfonsina ofrece un contraste extraño... La gran poetisa, no por menos idealista, deja de ser genial". De la Abella Caprile dice: "frágil, suavemente hermosa...". "¡La bisnieta del gran Mitre hace honor a su origen!" Y termina con Alfonsina: "¡Tal vez en ella vibra más la carne que el alma, pero es, sin embargo, una vibración magnífica, varonil a veces, pero siempre inspirada, siempre hermosa!".[62]

Esta nota preparaba la Fiesta de la Poesía. Por iniciativa de Alfonsina, que desde hacía varios veranos pasaba por lo menos un mes junto al mar, Josué Quesada, "bastonero mayor de la vida social marplatense", se puso a organizar este insólito acto. Consiguió el Salón de Actos del Club Mar del Plata, frente a la playa La Perla, y entre su dorado estilo Luis XV preparó la escena. Una orquesta de cámara, la *berceuse* de Jocelyn, el mar, detrás de las ventanas. El presentador oficial fue Pedro Miguel Obligado. Las participantes, esas cuatro poetisas, conocidas por figurar con frecuencia en revistas y suplementos literarios.

Los diarios locales anunciaron con todo detalle el acontecimiento, y con sorpresa, también, ante esta exaltación pública de la poesía. "Hoy la multitud elegante de la Rambla, de los palacetes, de los hoteles y de los clubs ha de escuchar cuatro dulces voces femeninas recitando versos (...) Alfonsina Storni, la de la lira apasionada y sonora, alzará el acento de sus poemas en presencia de la multitud aristocrática y expectante." La fiesta parece tener más de social que de literaria, ya que el citado diario juzga que "por unas horas, las almas de una muchedumbre compuesta por millonarios, hacendados, comerciantes, jueces, militares, políticos, bellas damas y gentiles niñas se llenarán de versos, de música, de rimas y de espíritus". Y la nota termina con un párrafo sorprendente, ya que marca una ubicación social para las escritoras que a fines del siglo veinte han perdido: "Y las poetisas que son en estos días, que alguien acusa de utilitarios y materialistas, las figuras más románticas, más admiradas, y acaso más envidiadas del mundo social, sentirán hoy, en los grandes salones, el aplauso de todos, el homenaje del gran mundo, hacia los altos espíritus femeninos que pasan cantando...".[63]

Llegada la hora, el inmenso salón rebosaba de público. Por los altos ventanales se oía el rumor de las olas. Vestida de negro, con escote hacia los hombros y sin mangas, "la presencia de Alfonsina electrizó de inmediato al público", cuenta Fermín Estrella Gutiérrez. "Nunca había oído yo, ni nunca oí después, a un autor decir sus versos como Alfonsina, aquella tarde. Allá lejos, en el pequeño escenario, la grácil y delicada figura de la poetisa adquirió de pronto un vigor y una vibración extraordinarias e imprecisos." Dijo dos o tres poemas de *Ocre*, entre ellos, otra vez el "Romance de la venganza", como meses antes en Quilmes, seguramente por tratarse de un poema de ritmo fácil y contenido sencillo. "Sentí, continúa Estrella Gutiérrez, que la poesía no era una postura literaria en Alfonsina, sino que poesía y autora eran una misma cosa, inseparable y única."[64]

Cuando terminó el recitado, se ubicó un pequeño kiosco en el hall de entrada, donde las escritoras firmaron sus libros. Alfonsina dedicó más de doscientos ejemplares. "¡No puedo más! ¡Estoy manca!", dijo por fin, y el escritor árabe Habib Estefano la alzó casi en brazos, salvándola de la multitud. Después de este verdadero acontecimiento, ya nadie deja de reconocerla mientras pasea por la Rambla. Sobre todo las chicas jóvenes, que le llevan su álbum para que les ponga algo.

En una carta a su amiga María Luisa Albornoz le cuenta lo ocurrido. "Usted habrá visto por los diarios, le dice, que hicimos aquí una fiesta de la poesía, que me tuvo ocupada estos últimos días: hemos tenido un gran éxito. Con decirle que dejamos vacía la Rambla y el *garito* esa tarde le digo todo. Mil setecientas personas de público y qué público. En fin, estoy contenta y se lo cuento porque sé que mi alegría la alegra."[65]

Alfonsina está tranquila y puede disfrutar de sus logros. Un año antes le escribía a la misma amiga agradeciéndole el envío de una carta que le traía "la noticia de la muerte del segundo marido de mi madre, de manera que en estos días nuevos trastornos, nuevas preocupaciones y poco reposo. Hace recién dos días que me siento bien, despejada y algo tranquila. Este aire es tan fuerte que me adormecía y quitaba la voluntad. He reaccionado y estoy ahora briosa, dispuesta de nuevo a emprenderla contra lo que sea, destino, maldad, nervios, hipocresía, grosería, usura...". Una extraña enumeración de inconvenientes, a los que Alfonsina opone la esperanza que contiene el mar, verde y ancho. "Tan lejano, tan infinito, le dice a Luisa, que nos da deseos de diluirnos en él e irnos 'hacia lo que no concluye.'" Promete descansar, tranquilizar "el corazón y la cabeza. Hacer mi drama. Preparar mi libro de versos (seguramente *Ocre*) para publicarlo en cuanto llegue y la vida dirá...".

1925 es un año lleno de promesas, y la escritora se permite hasta ser frívola y comentarle a su amiga "pequeños chismes de balneario", tales como lo que ella llama "la imposición de la clásica hoja de parra", que no es tal hoja sino la obligación de circular con salida de baño. Esta prenda afeó a los hombres durante varias décadas, y Alfonsina cuenta cómo "se tienden al sol, como momias, envueltos en la funda felpuda y arriba el buen sol que querría morderlos, quemarlos, señalarlos, se muere de rabia". Finalmente, se lamenta de que entre los hombres "la varita del vigilante tenga más poder que el deseo de un astro generoso, pero pasivo".

Ya no juega en el Casino, seguramente como consecuencia de la experiencia que tuvo la primera vez que fue a Mar del Plata. Era todavía el año 1921, y Alfonsina se encontró la noche de su llegada con su querido amigo José Ingenieros. Este insistió en llevarla a la ruleta, alegando que el iniciador solía tener suerte, puesto que el diablo le pagaría por el alma entregada. Alfonsina ganó mucho dinero, pero no siguió el consejo de su amigo, que le pidió que se retirara. Volvió a la otra noche y perdió todo, y en noches siguientes el resto, lo que llevaba para las vacaciones, y hasta lo que le prestaron sus amigos. Tuvo que volverse, derrotada, y cuando en el tren otro amigo, Leonardo Glusberg, la vio intentando cábalas con una ruleta de juguete, no reconoció en ella a la económica y medida Alfonsina.

III

Fue otro de los Glusberg, Samuel, el fundador de la editorial Babel, el que le publicó *Ocre*, en 1925. Alfonsina estaba contentísima con este título, le parecía que se había salido de la retórica rubendariana y que podía ser menos subjetiva, más concreta. Hay verdaderos hallazgos, como la comparación entre la Forma Destructora con un ser de hinchados carrillos que llegará hasta la figura de la poetisa para aventarla al olvido. Pero, como otras veces, vuelve a identificarse con la muerte: "Yo soy la mujer triste / a quien Caronte ya mostró su remo", y no puede evitar la voluptuosa soberbia de afirmar, en el mismo poema, "Me salí de mi carne, gocé el goce más alto / oponer una frase de basalto / al genio oscuro que nos desintegra" ("La palabra"). La esperanza de sobrevivir gracias a la creación se contradice con el escéptico y forzado alzarse de hombros ante la posible fama. Y en relación con su tema de siempre, la lucha con el sexo masculino, hay algo nuevo: el reconocimiento de que contra el hombre no vale la pena luchar, porque la naturaleza ha repartido arbitrariamente los emblemas, la cota y el sexo, la guerra y la maternidad. "Con mayúscula escribo tu nombre y te saludo, Hombre." Pero esta aceptación tiene su contradicción en los poemas "Epitafio para mi tumba" y "Dolor". En ellos desea "ver que se adelanta, la garganta al aire / el hombre más bello; no desea amar...", pero también advierte que "la mujer, que en el suelo dormida, / y en su epitafio ríe de la vida / como es mujer, grabó en su sepultura / una mentira aún: la de su hartura".

Un periodista, que cuando la llama no consigue encontrarla, se acerca a una reunión literaria y allí su silueta fina, "cada vez más juvenil", dice el periodista, se hace presente. "Sin medias, de acuerdo con la última palabra de la practicidad, vestida con una tela vaporosa, escapándosele los plateados rizos del sombrero, rizos que son una ironía en la frescura de su cutis rosado", se quita los guantes y se prepara para las preguntas. Qué haría si fuera hombre, es la primera. "Comportarme como la mejor mujer", la respuesta no se hace esperar.[66]

Esta facilidad para la réplica convirtió a Alfonsina en la permanente protagonista del anecdotario, por cierto abundante, del diario *Crítica*. Años después éste diría, a propósito de una reunión campestre organizada en la casa que Horacio Quiroga tenía en Vicente López y en la que Alberto Gerchunoff cocinaría dos pavos, que la escritora, al preguntársele si concurriría, manifestó que no. Y al ver la lista, que era toda de hombres, añadió: "No ve que se trata de pavos...".[67]

El traslado a la casa de la calle Cuba es también una alegría para ella, puesto que dispone por fin de una casa que, aunque chica, es toda para ella. Allí también la muestran las fotos de otras entrevistas, allí la conoce Haydée Ghio, Ulises Petit de Murat, Estrella Gutiérrez. "Era un hotelito con dos o tres reducidos ambientes abajo y una escalera de madera oscura que subía a la planta alta. El amigo común que me acompañaba nos presentó, y al estrecharle su fina y tibia mano y al mirarla a los ojos, quedamos unidos por una fina y noble amistad."[68] Estrella Gutiérrez tiene el privilegio de acceder a los originales de sus poemas, guardados en los cajones de un pequeño y oscuro escritorio, en su cuarto con una pared cubierta de libros, sin mucho orden. En aquellas páginas de tamaño comercial, su letra "ancha e inquietante", como la calificaría Arturo Capdevila, daba vida a sus nuevos poemas. En 1938, cuando ella misma selecciona los poemas para su antología, declara sentir alguna preferencia con el sector de su obra que empieza con *Ocre*, y su búsqueda estética allí iniciada la llevaría a la libertad expresiva de *Mundo de siete pozos*, de 1934.

Alfonsina escribe y publica mucho. Notas periodísticas, reflexiones sobre la vida y las costumbres, y un nuevo libro, *Poemas de amor*. Es su única obra en prosa publicada, y sin embargo, por esos años se la identifica también como cuentista. Algunos relatos semiautobiográficos aparecen en las páginas de las revistas y diarios de la época. También participa en acontecimientos literarios tales como la Fiesta de la Poesía, un beneficio que se hacía en pro de la escuela taller de Santa Filomena, en el teatro Cervantes. La responsable era la tía Pepita Láinez, tía de Manuel Mujica Láinez, que por aquel entonces tenía dieciséis años. El la conocería en una de esas fiestas, y su recuerdo pinta una situación y una época.

Mujica Láinez ha dejado en su diario íntimo, todavía inédito, el breve relato de su relación con Alfonsina.

"A Alfonsina Storni la conocí cuando tenía yo diecisiete años, en la Fiesta de la Poesía de la tía Pepa Láinez, que dio origen a relaciones prestigiosas. Solía visitarla yo por entonces, en su alto y pequeño departamento de Córdoba y Esmeralda. Era muchísimo mayor que yo, desgreñada y vehemente. Una admirable poetisa, sin duda, pero los matices se me escapaban. Dejé de ir o, mejor dicho, me escabullí de su casa, espantado, el día en que quiso besarme."[69]

La anécdota es graciosa, y como ocurre cuando Manucho tenía 17 años, puede calcularse que ocurrió hacia 1927. Si bien arroja una sombra de sospecha sobre las inclinaciones de Alfonsina hacia esa época —se dice mucho que le interesaban los hombres muy jóvenes— una mirada desprejuiciada y objetiva puede obtener de este episodio una confirmación del humor y la audacia de esta mujer de treinta y seis años por esa época, que, además, según cuenta el mismo Mujica Láinez, acto seguido afirmó: "yo considero amigo a un hombre sólo después de haberlo besado".

El diario *La Prensa* reproduce las fotos de una de esas fiestas, la realizada en 1926, y allí las niñas de sociedad, disfrazadas adecuadamente, representan cuadros vivos sobre "Reunión en lo de Escalada", de Enrique Méndez Calzada, "La carta frívola", de Ricardo del Campo, y "Amalia", de Héctor P. Blomberg.

Hasta la casa de la calle Cuba llega una tarde la poetisa chilena Gabriela Mistral. Alejandro, que por ese entonces era un escolar aplicado y un jugador de fúbol apasionado, recuerda que alguien le contó que la gran poetisa chilena estaba en la casa. El encuentro debió ser importante para la chilena, ya que publicó su relato ese año en *El Mercurio*. La llama por teléfono, y le impresiona gratamente su voz, pero le han dicho que Alfonsina es fea, y espera una cara que no congenie con la voz. Por eso cuando la puerta se abre tiene que preguntar por Alfonsina, porque la imagen contradice a la advertencia. "Extraordinaria la cabeza, recuerda, pero no por rasgos ingratos, sino por un cabello enteramente plateado que hace el marco de un rostro de veinticinco años." Insiste: "Cabello más hermoso no he visto, es extraño como lo fuera la luz de la luna a mediodía. Era dorado, y alguna dulzura rubia quedaba todavía en los gajos blancos. El ojo azul, la empinada nariz francesa, muy graciosa, y la piel rosada, le dan alguna cosa infantil que desmiente la conversación sagaz y de mujer madura". Durante un día conversan infatigablemente, y la estadía de Gabriela se prolonga siete. Gabriela queda impresionada por su sencillez, por su sobriedad, por su escasa manifestación de emotividad, por su profundidad sin trascendentalismos. Y sobre todo por su información, propia de una mujer de gran ciudad, "que ha pasado tocándolo todo e incorporándoselo".[70]

Alfonsina tiene más trabajo que antes, su cátedra en el Conservatorio de Música y Declamación y dos horas de Castellano y Aritmética en una escuela de Bolívar. Su hijo ha ingresado en la escuela Mariano Acosta y hay que solventar los gastos del alquiler. Pero le queda tiempo todavía para la búsqueda de un nuevo lenguaje, el teatral. Los diarios anuncian que el próximo año presentará su drama *Dos mujeres*, y adelantan algo que no ocurrió nunca: su nombramiento como directora del teatro infantil municipal. "He aquí un nombramiento acertado del doctor Noel, dice el diario, que dignificará la simpática institución, dormida durante tantos años en manos de pedagogos y burócratas."

Elabora la idea de su obra, y sus notas periodísticas reflejan esas ideas que la preocupan. En "¿Deben casarse los enfermos?"[71] encara la conveniencia del examen prenupcial, y concluye aconsejando nuevamente la educación sexual obligatoria en las escuelas, pero advierte también que la enferma es la sociedad, enferma de miedo a las ideas. Otra nota suya, "El derecho de engañar y el derecho de matar", del 25 de junio, publicada en *Mundo Argentino*,[72] encara las conclusiones de un caso que conmovió a los ciudadanos: el crimen de Elvira d'Aurizio, que en el despacho del juez Mariano de Vedia y Mitre, mató al padre de su hijo, por negarse aquél a dar su nombre a la criatura. Estamos ante un tema que roza la problemática personal de la autora, y sin embargo, ésta lo trata aparentemente sin emoción, sometiéndose al juego de la ideas, pero como siempre, honesta consigo misma. Comienza advirtiendo que en ningún caso hay derecho a matar, pero que en presencia del móvil que armó la mano de esta joven hay que detenerse a considerar lo que llama "los factores externos" y que, indirectamente, han contribuido a que el crimen se realice. Describe lo que llama el espíritu argentino, que "tiende a proteger al individuo en desmedro de la sociedad" y aclara con sutileza que "todo, en nuestro país, delata al individualismo imprevisor y sensual atropellando la ley para beneficiar a un hombre, a una institución, a un interés creado cualquiera". En una sociedad así es natural que el débil carezca de protección, porque no encara potencia alguna, y esto trae aparejado "cierto envilecimiento de la conciencia, cierto como derecho al abuso, cierta como naturalidad para la comisión del delito no previsto por la ley". Imaginar, entonces, "la exasperación, la depresión moral, el encono venenoso de cualquier mujer a quien le sucediera lo que a esta muchacha, es decir, que sus propios jueces no hallaran en su hijo filiación parecida a la del hombre, que ella señalaba como padre, exasperándola, acabándole de armar el brazo con la sospecha de una comedia ignominiosa pesando aun sobre su ya lamentable estado moral de ser burlado, rebajado e implorante". Propone entonces leyes que castiguen a los hombres que no se hacen cargo de su responsabilidad de procreadores, y aclara que mientras no veamos en nuestro país leyes de esa naturaleza "veremos a otras mujeres matar, eso sin duda alguna".

¿Qué porcentaje de identificación personal hay detrás de este análisis, superficial de todos modos, en la medida en que su objetivo es una revista de difusión general? No lo sabemos, porque Alfonsina se cuidó muy bien de dejar memoria de los detalles de su primer amor, y aquellos amigos devotos que pudieron haberlos conocido fueron muy discretos. Pero importa entonces advertir que, por esta época, la escritora está elaborando, por lo menos en el terreno de la ética, un problema que no es solamente personal, sino que atañe a muchísimas mujeres. De este modo, a través de su poesía, su teatro y sus notas periodísticas, se va estrechando el círculo. El hombre pasa por el amor, sin asumir ninguna continuidad. Si no hay hijos, la mujer también está en condiciones de vivir esta manera irresponsable y lúdica de vínculo amoroso; si los hay, en cambio, es la que acepta la atadura y se resigna a seguir adelante con paso menos ligero. Esto, en el terreno explícito; pero en su poesía, donde se mueven contenidos no del todo incontrolables, no hay solución a este conflicto. El hombre nada puede ofrecer a la mujer, salvo un placer efímero. A la hora de gozarlo, la mujer es tan capaz como el hombre, y aquí su audacia le permite todas las variantes de la enunciación del placer. Pero si el hombre se va, que en su poesía es lo que ocurre siempre, sólo queda el desprecio, la soledad, y finalmente la muerte.

En relación con esto, hay un poema de *Ocre*, donde se habla a otra mujer, que ya no es la interlocutora de la "Carta lírica", aquella mujer a la que se llegaba a besar para descubrir en ella las huellas del amado, sino una amiga, una igual, a la que se comenta, con escepticismo, simplemente para corroborar algo sabido, qué pasa cuando el hombre se va:

> *Lidia Rosa: hoy es martes y hace frío. En tu casa,*
> *de piedra gris, tú duermes tu sueño en un costado*
> *de la ciudad. ¿Aún guardas tu pecho enamorado,*
> *ya que de amor moriste? Te diré lo que pasa:*

> *El hombre que adorabas, de grises ojos crueles,*
> *en la tarde de otoño fuma su cigarrillo.*
> *Detrás de los cristales mira el cielo amarillo*
> *y la calle en que vuelan desteñidos papeles.*

114

Toma un libro, se acerca a la apagada estufa,
en el tomacorriente al sentarse la enchufa
y sólo se oye un ruido de papel desgarrado.

Las cinco. Tú caías a esa hora en su pecho
y acaso te recuerda... Pero su blando lecho
ya tiene el hueco de otro cuerpo rosado.

Por esta época ya estaba terminada su relación con Horacio Quiroga, y éste estaba en Misiones, o próximo a irse, y se había encontrado con otra jovencita, esta vez llamada también Ana María. La chica recordaba todavía cómo, apenas a los ocho o nueve años, había visto al hombre de los ojos azulverdosos sosteniendo entre sus brazos a su esposa moribunda. Esta niña, a la que Horacio reencontró por casualidad, y a la que sus padres, sabiamente, apartarán del camino de Quiroga, quedará para siempre retratada, junto con la obsesión de su autor, en la novela *Pasado amor*.

IV

Pero como Alfonsina no tiene una familia que se ocupe de ella, se pone a trabajar y elabora sus ideas de la relación entre hombres y mujeres con la idea de escribir una obra teatral.

Así, el 20 de marzo de 1927 sube a escena *El amo del mundo*, que había pasado por varias alternativas, entre ellas la de cambio de título, y que despertaba las expectativas del público y de la crítica. El día del estreno asistió el presidente Alvear con su esposa, Regina Pacini, su ministro de Guerra, el general Justo, y el intendente Carlos Noel. Al día siguiente la crítica se ensañó con la obra, y a los tres días tuvo que bajar de cartel.

Es fácil imaginarse la indignación de Alfonsina que en la revista *Nosotros*, de abril de 1927, cuenta la génesis y el resultado de la puesta en escena. Así, nos enteramos de que un señor llamado Bengoa fue a su casa de la calle Córdoba y Esmeralda, en el décimo piso, y le dijo, textuales palabras: "Alfonsina Storni, la admiro a usted. Es usted la salvación de América. A su lado toda mujer que escribe padece de anemia. En usted hay, literalmente, el cien por ciento de hemoglobina. Usted tiene una comedia escrita. Me la ha recomendado calurosamente Martínez Cuitiño. Yo soy un empresario-director en busca de una obra para presentación. Mi esposa, la primera actriz de la compañía, es la única mujer en el país que se la puede interpretar. Yo deseo estrenársela". Y Alfonsina comenta, con gracia sarcástica: "¡Cómo me conmovió aquello de la hemoglobina!". Lo cierto es que Martínez Cuitiño, autor teatral, no conocía la obra. Luego que ésta fue leída ante la compañía, la primera actriz se acercó a Alfonsina y le dijo, misteriosamente: "Usted ha leído muy bien su obra, pero yo interpreto el personaje a mi cargo de otro modo. ¡Ya verá, ya verá!".[73]

Alfonsina pudo darse cuenta en el primer ensayo de que, a causa de la falta de acotaciones de que adolecía la obra, la actriz desviaba el carácter de la protagonista. El otro personaje, el de la joven rival de Márgara, la protagonista, estaba encarnado en una chica gordita, de aspecto vulgar y poca inteligencia, que no tenía nada que ver con la idea de Alfonsina. Claro, seguramente Alfonsina pensó que ella iba a poder dar indicaciones, resolver situaciones y elegir a los actores de acuerdo con sus propias ideas. Pero, ¡ay! esto nunca es así. El teatro suele ser una mezcla de realidades comerciales y literarias, y a menudo los autores ignoran qué parte les toca en esta combinación. No sabemos por qué Alfonsina dejó avanzar las cosas si es cierto que el director no cumplió con su palabra de escuchar las indicaciones de la autora, pero esta vacilación fue fatal para ella. Había entretelones que Alfonsina reveló al comprobar los resultados. María Lagos, elegida para el papel de Zarcillo, la dama joven, según Alfonsina estaba vinculada a un diario de la tarde. Fanny Brenna, que hacía de Márgara, quería

hacerse simpática al público interpretando el papel de Márgara como una víctima, y Alfonsina la había visto como la
mujer fuerte que decide su vida. Había que cortar un parlamento importante del segundo acto porque María Lagos
no encontraba el tono dramático adecuado, y Fanny Brenna no quería decir en escena la palabra "celestina". Y además, el chico, hijo de Márgara, debía ser, por exigencia de
Fanny, de poca estatura y menudo, para que armonizara
con su figura. Y lo que terminó de enfurecer a Alfonsina
fue el hecho de que el director artístico le dijera, con tono
un poco exaltado, que había entendido la obra mejor que
ella y que se creía en la obligación de defenderla de su
propia orientación. Alfonsina se retiró de los ensayos y sólo apareció el día del ensayo general, para descubrir que
habían eliminado un proverbio hindú de boca de uno de
los personajes. Consigue que vuelvan a incluirlo, pero esto
no alcanza para que la obra no sea un rotundo fracaso.

El diario *Crítica* titula "Alfonsina Storni dará al teatro
nacional obras interesantes cuando la escena le revele nuevos e importantes secretos".[74] El cronista reflexiona acerca de la necesidad de incorporar nuevos autores a la escena,
dado que considera dañoso el profesionalismo mecánico de
los actuales. Bienvenida, entonces, Alfonsina "culto y bello espíritu", pero luego vienen los reparos. Elogia los diálogos, ágiles, elegantes, llenos de brillo, pero concluye que
"El día que Alfonsina Storni logre conducir la acción de
sus obras con la vivacidad que conduce el diálogo, dejará
en el teatro nacional más de una pieza fuerte, sólida, con
muchos aspectos de cosa consistente y fundamental". La
obra, dice *Crítica*, "parece tres diálogos y un final", en el que
se revela la maternidad oculta de la protagonista. Según el
cronista, daba la impresión de asistir a una tertulia de *causeurs* inteligentes que de vez en cuando hacían aportes graves y trascendentes. Sin embargo, el público, "con desusada elocuencia", obligó a la autora a agradecer los aplausos.
La crónica parece mesurada, pero Alfonsina dice: "Sabía,
también, que en *Crítica* había orden de caerle a todo lo

que hiciera la compañía, por razones privadas que no hay por qué exponer aquí".

Alfonsina toma todas las crónicas en su conjunto como el resultado de una conspiración. Y, lamentablemente, carece de la autocrítica necesaria como para advertir los posibles defectos de su texto. La única crítica que la indigna realmente, sin embargo, es la del diario *La Nación*, del que es colaboradora, y confiesa irónicamente haber sido admiradora del cronista Ramírez, al que sin embargo nunca saludó por contenerla "su mirada de águila". Se burla de él al describirlo "en un palco, o en la platea, con la cabeza entre las manos, madurando críticas que al día siguiente habían de ser el regocijo del mundo teatral" y confiesa sus deseos de acercarse "y consolar los tormentos de aquella alma profunda". Dice que a Ramírez le gustaba la obra cuando la vio ensayar, pero que por agradar al director artístico, disgustado con Alfonsina por sus desentendimientos, y por las razones antes apuntadas, "le cayó sin compasión". Pero el director de *La Nación*, el señor Mitre, permite a Alfonsina hacer su defensa desde el diario, y en ella Alfonsina hace consideraciones generales. En cambio, reconoce que el señor Herrera, del diario *La Prensa*, a quien la obra había disgustado, la elogió a pedido de alguien de la empresa. No es del todo así, ya que el señor Herrera coincide con sus colegas al decir que "una visión poco experimentada del teatro ha impedido, sin duda, la absoluta espontaneidad y precisión en cuanto respecta a la vida misma de la comedia estrenada anoche en el Cervantes". Critica también la indefinición de ciertas notas de ambiente y otras "relativas al carácter de la protagonista", quien "en los más graves instantes del conflicto no podría decirse si la obra es impulsada por sentimientos de víctima resignada a la injusticia humana, o por despecho".

Lo que Alfonsina no ve es la coincidencia de todas las críticas en señalar el escaso sentido teatral de su texto. Sus parciales aciertos literarios son elogiados, así como también la actuación del elenco, y sobre todo del niño Héctor

Cossa, a quien vaticinan un futuro de actor. Pero el más duro es Edmundo Guibourg, que afirma "Alfonsina Storni denigra al hombre", y esto la ofende y recuerda que ha escrito trescientas poesías dedicadas "al animal razonador". Pero nada contesta al señor Ramírez, quizás el más acertado observador, al concluir sobre la obra que es un "alegato con el propósito de defender a la mujer, tiene en su contra la artificiosidad de una situación que, lejos de ser mal permanente, rara vez se presenta y pierde todavía consistencia en su expresión escénica con la insistencia en argumentos de fácil y conocida sofística, destinados a infiltrarnos un convencional y lacrimoso sentido de la vida".

Alfonsina se sintió herida ante el fracaso, y en este sentimiento iban mezcladas muchas razones. En primer lugar, debió ser duro el golpe recibido para quien hacía ya diez años que sólo recibía elogios cada vez que daba a conocer uno de sus libros de versos. Segundo, estaba aquí jugando sus verdades más íntimas. La anécdota de la pieza es una síntesis de ciertos aspectos de su vida: la mujer que ha sido madre sin casarse revela su secreto al hombre de quien se enamora y éste termina prefiriendo casarse con otra joven, de pasado tormentoso pero sin hijos; la mujer, en un sacrificio por cierto absurdo y exagerado, ayuda a su rival a obtener al hombre que ama y termina confesando la verdad de su origen al hijo, al que promete dedicar el resto de su vida. Había sido de una gran audacia meterse tanto, en piel y sangre, dentro de la obra, y además, sin el rigor de un trabajo teatral previo, que no podía darse por cumplido por el hecho de dar clases de teatro. La prueba debió ser muy dura para ella, puesto que se sintió a tal punto comprometida y juzgada en su trabajo no logrado.

¿Habrá sido similar al teatro este episodio tan importante, el de su maternidad? Llama la atención, revisando testimonios de la época, la extraordinaria prudencia exhibida por todos, y empeñosamente puesta en no nombrar, en ninguna circunstancia, la maternidad de Alfonsina y la existencia de Alejandro Storni. Al punto de que Berta Singerman, integrante del grupo "Anaconda" creado por Quiroga y del que Alfonsina fuera una de las más entusiastas participantes, dice al referirse a la escritora que "tenía un hijo natural, cuya existencia ignorábamos hasta sus mejores amigos. Quizás lo ocultó durante un tiempo porque era maestra y una maestra soltera y con un hijo, en aquellos años, y aun hoy día, tenía y tiene sus problemas".

Para zanjar la cuestión teatral, Alfonsina concluye que tanto hombres como mujeres tienen defectos, y que ella lo único que quiso en su obra fue mostrar las diferencias y "que los hombres han tomado una posición cómoda para perdonar sus indisciplinas frente al instinto, y exigen en cambio de la mujer, a la que consideran inferior, un esfuerzo moral superior al que ellos despliegan". Parece entonces que el entredicho ha terminado. Pero lo cierto es que, aunque siguió escribiendo teatro —al volver de España publica sus *Dos farsas pirotécnicas*—, ninguna de sus obras posteriores, incluida *La debilidad de míster Mac Dougall*, que permanece inédita, fue representada durante su vida.

Ese año, el 16 de julio, Horacio Quiroga se casa por segunda vez, con una joven de veinte años, amiga de su hija Eglé. Se llama María Elena Bravo.

V

Un aspecto importante en la vida de Alfonsina lo constituye su participación en la vida literaria de la época. Poco después de la aparición del libro de cuentos *Anaconda*, en 1921, el prestigio de su autor, Horacio Quiroga, crece de tal manera que lo lleva a convertirse en jefe de un grupo que lleva el nombre de su libro. Antes de eso, las tertulias rubendarianas, a las que Alfonsina alguna vez se asomó, en el Aue's Keller. El grupo de Anaconda lo integraban Alfonsina, Emilia Bertolé, Arturo Capdevila, Alberto Rossi con su mujer Ana Weiss, ambos pintores, otro pintor, Emilio Centurión, Samuel Glusberg, el editor de Babel que luego firmaría con el seudónimo de Enrique Espinoza, y Arturo Mom, otro escritor.

"Nos encontrábamos en la casa de Quiroga o en el estudio de Centurión, en Maipú y Corrientes. Conversábamos, discutíamos, se comía, se bebía, yo recitaba. Presidía Horacio Quiroga", cuenta Berta Singerman, a quien por su edad llamaban "Anacondita". "El grupo contaba además con "anacondas" honorarios del Uruguay: Juana de Ibarbourou, Orestes Barofio, director de un importante diario de Montevideo."[75]

El 23 de diciembre de 1921, Horacio Quiroga anuncia, en una carta a su amigo Alberto J. Brignole, un viaje a Montevideo junto con el grupo, y da algunos nombres más: "Ricardo y Amparo Hicken, Iglesias y yo". Conrado Nalé Roxlo, que siendo muy joven asistió a alguna reunión, añade todavía nombres como el de Alejandro Sirio, Guillermo Estrella, cuentista, y Luis Pardo, que con el seudónimo de Luis García publicó durante más de veinticinco años sus "Sinfonías" en *Caras y Caretas*.

Las comidas de "Anaconda" se hacían en algún restaurante del centro, en el estudio de Centurión o en la Vuelta de Rocha, y algunas veces en el hotel Carapachay, de Olivos. Cuando Alfonsina ya estaba algo alejada, se hizo alguna en la casa de Vicente López que alquiló Quiroga al volver de Misiones. Allí se hizo la famosa comida de los pavos, que recoge la anécdota, pero en realidad los pavos fueron patos, y Luis Pardo, que era un excelente rimador repentista, dijo, al llegar a la mesa los patos cocinados por Gerchunoff, a los acordes del Crepúsculo de los dioses:

> Créame usted a mí,
> que no hablo por compromiso,
> ni en el mismo paraíso
> cocinan patos así.

Y el texto de aquella invitación confirma lo de los patos:

Como es usted literato
a quien el pato le gusta
nos parece cosa justa
invitarle a comer pato.

La ironía de Pardo llegó también a Quiroga, a quien en otra comida, años antes, le espetó esta cuarteta:

En tiempos de Epaminondas,
de Sófocles y de Esquilo,
se escribían Anacondas,
y cosas por el estilo.

Alfonsina fue la única que le contestó con agudeza semejante. La noche de la comida hecha en homenaje a la publicación de *Irremediablemente*, Pardo dijo a los postres:

Aguda, graciosa y fina
siempre está de esprit presente.
Pero ¡ay! escribe Alfonsina
Irremediablemente...

Alfonsina no se atrevió a decirla en voz alta, y la escribió en un papel que hizo circular entre los asistentes:

Agradezco su reproche
igual que si fueran nardos.
¿Por qué será que de noche
todos los gatos son pardos?

También se festejó el premio del Salón Nacional de 1920 otorgado a Centurión por su retrato Misia Mariquita, y esta vez Alfonsina se atrevió a versificar el menú:

Este es el grande menú
que dicidieron hacer
"Anaconda Los Ilustres"
en un petit comité.
A Centurión celebraron
reuniéndose a comer
(Grecia y Agathaura estaban
representadas muy bien)
"Misia Mariquita", es claro,
se le llamó al canapé.
Tallarines: "Anaconda",
una gran lengua "A la Weiss",
Corderito: "A la Quiroga",
por ser un tigre de ley.
Una ensalada de frutas:
"Ensalada Bertolé".
Champagne, Clericaut abundante,
de Persia un negro café.
Rosas, mirtos y jacintos.
¿Hubo besos?... Puede ser.

Y la fecha, 24 de octubre de 1920, dieciocho años antes de su muerte.

En el restaurante "Al sibarita" se festejan los aniversarios de "El patito feo", de Hans Christian Andersen, y del *Cancionero*, de Heine. Fue en octubre de 1923, y esta vez el mismo Quiroga redactó las invitaciones, que se imprimieron conservando los rasgos de su escritura. Y ese año organizan también la Primera Exposición Argentina de Escritores, en el teatro Cervantes, en la que se gestan las bases de la Sociedad Argentina de Escritores.

Toda esta actividad da cuenta de la intensa vida literaria que, por aquellos años, mantenía unidos a los escritores. No sólo los cenáculos más cerrados, como pudieron serlo los del grupo "Martín Fierro", sino también estos como Anaconda o la Peña del Tortoni, lugares donde el intercambio de ideas, y sobre todo, el conocimiento de las obras de los compañeros, creó un clima de fraterno intercambio.

Años difíciles

I

En 1928 muere Roberto J. Payró y se suicida Francisco
López Merino, amigo de Alfonsina. No sabemos si ella fue
al entierro de Payró, pero sí que Quiroga dijo unas palabras.
López Merino era oriundo de La Plata, había nacido en
1904, y allí busca la muerte, una muerte romántica, puesto que se pega un tiro a orillas de los lagos del bosque pla-
tense. Autor de dos libros —*Tono menor* y *Las tardes*— había coincidido cierta vez en Mar del Plata con Alfonsina y
otros poetas. La anécdota refiere que Alfonsina bajó al hall
del hotel donde todos se alojaban, y allí le fue presentado
este joven, que además de joven era buen mozo. Por decir
algo, y como los ventanales mostraban la tarde desapacible
y el mar encrespado, López Merino observó qué desagra-
dable estaba el día. Alfonsina, que por cierto tenía la réplica aguda, parece que dijo: "sí, sí, pero ideal para estar
entre dos sábanas, con alguien como usted, por ejemplo".
Ese año visitan la Argentina Ortega y Gasset y el conde
de Keyserling, y la muerte de Paul Groussac deja la sensación de que ya no hay a quién pedir opinión. Alfonsina
nunca se la pidió, y ya no la necesita. Es una mujer en la
plenitud de su equilibrio, y sin embargo sus preocupaciones y sinsabores se intensifican a partir de esta época. Siguen los viajes a Córdoba, donde su ánimo se tranquiliza

y puede disfrutar de la naturaleza. Ella misma se refiere
a ellos:

> *De noche, en las hamacas, los grupos familiares*
> *Mirábamos los gruesos racimos estelares.*
> *Sonaba adentro un tango y se hablaba de amor.*
> *Eramos todos jóvenes y algunos eran bellos.*

("Un recuerdo")

Las fotos muestran, en un grupo de amigos, la mirada
profunda, o sonriente junto a su amigo Fermín Estrella
Gutiérrez, vestido con la formalidad propia de la época.
Y que recuerda cómo, cierto día, fueron en auto, con otros
amigos, hasta Ascochinga. "Al ir a cruzar Aguas de Oro,
pidió al que conducía el auto que parara antes de atravesar-
lo, y tirándose casi del coche, corrió hasta el río, se descal-
zó, y en un abrir y cerrar de ojos la vimos meterse en el
agua que espejaba al sol, hasta las rodillas, y soltarse el cabello mojándolo una y otra vez en el agua que corría abajo.
Alfonsina, arqueada hacia adelante, con la grisácea y brillante cabellera caída hacia el río como otra cascada de
luces, riéndose y parloteando de gusto ante el frescor del
agua. . ."[76]

Alfonsina publica sus poemas con regularidad, por lo
menos una vez al mes, en el diario *La Nación*. Son poemas
distintos, menos personales, poemas en los que aparece la
ciudad vista desde arriba, seguramente desde el balcón del
décimo piso de la calle Córdoba y Esmeralda. "El río ha
sido tragado / por el cielo en un ancho / bostezo neblino-
so. / Las chimeneas, / franjas pardas / en la tarde blancuz-
ca, / están planchadas / sobre el horizonte" ("Llovizna").
Allí son recibidos los amigos, en la salita ocupada por sus
libros y por la otomana cubierta por una colcha quechua
de colores brillantes, y su escritorio pequeño, siempre
adornado con flores. En las paredes, cuadros con motivos
de campo, muchas fotos y algunos dibujos a lápiz con el
rostro de la dueña de casa.

En un reportaje de *El Suplemento*, firmado por Ernesto de la Fuente, Alfonsina habla quizás por única vez de su experiencia amorosa. "Fueron días inolvidables de dicha y de vida intensa, dice, y me creí la mujer más feliz de la tierra; pero llegó un día triste, comprendí que me había engañado y que él era como son la mayoría de los hombres..." Y continúa: "Sin embargo, no desmayé, y saqué de lo más profundo de mi cuerpo y de mi alma energías nuevas, una fuerza enorme que curara las heridas de mi espíritu, y me lancé nuevamente a la lucha, llevando como emblema mi amor que permanecía incólume y una fe grande en el porvenir". Cuando el periodista le pregunta si no piensa casarse, ella contesta, luego de pensar un momento, y con una sonrisa encantadora: "¿Cree usted, por ventura, que habría en Buenos Aires hombre capaz de cargar con la fama que se me ha echado encima?". Y cambia el giro de la conversación.[77]

Otro reportaje, esta vez de *El Hogar*, comienza así: "¿Quién es esa persona delgada, de escasa estatura, con ojos rasgados y cabello gris? Es un hombre que... ha tenido la desgracia de nacer... mujer...: es Alfonsina Storni". Y continúa: "A muchos les parecerá dura la frase porque, sin duda, no se han detenido a analizar la vida y el modo de ser de la conocida poetisa", de "cerebro equilibrado, pensamiento fuerte, noble y franca hasta la aspereza, ha logrado vencer a los prejuicios".

II

También por aquellos años, entre el 26 y el 28, son las tentativas de dar vida a una nueva sociedad de escritores, como la que en 1907 había fundado Roberto Payró. Esto se logra a fines de noviembre de 1928, cuando se constituye la primera comisión directiva de la Sociedad Argentina de Escritores, presidida por Leopoldo Lugones, Quiroga como vicepresidente, Samuel Glusberg en la secretaría, y entre los vocales, los nombres de los mejores escritores de la época: Borges, Gálvez, Barletta, Banchs, Cancela, Giusti, Leumann y otros, pero ninguna mujer. Sin embargo, en una carta con membrete de la Sociedad Argentina de Escritores, y con indicación al pie de su casa de Córdoba 807, Alfonsina le informa a Giusti que se reunirán el próximo viernes —la carta no está fechada—, en casa de Alfonsina, "para convenir en definitiva qué se hace con la sociedad". Su participación en el gremialismo literario fue intensa, y diez años después, en las elecciones de 1938, se excusa otra vez ante Giusti por no haber podido ir a votar personalmente y le indica por quién debe hacerlo en su lugar.

Cabe pensar que la presidencia de la sociedad en manos de Lugones no debe haberle resultado propicia, ya que la relación entre ellos tuvo dificultades. Arturo Capdevila cuenta la siguiente anécdota: "Alfonsina y Lugones nunca se entendieron. Desde luego, ese cierto desembarazo verbal de la poetisa en los temas sexuales no iba bien con aquella pureza absoluta de los principios lugonianos", y sigue: "Por consiguiente, desde el primer libro de Alfonsina, Lugones se mostró esquivo, frío, sin que ninguno de los nuevos tomos de la poetisa lo moviera a modificar su actitud, aunque no pusiera en problema —lo doy por seguro—, la genuina sustancia de su temperamento poético". La buena voluntad de Capdevila, amigo de ambos, no hace más que subrayar la indiferencia de quien, desde su página de *La Nación*, ejercía el necesario ademán consagratorio de los valores literarios. Este ademán no fue recibido nunca por Alfonsina, y si su desenfado en la conversación fue más importante que su calidad estética, pobre fue, por cierto, la ética literaria de Lugones.

Pero Capdevila sigue el cuento: "Una tarde, estando de palique en su despacho de la Biblioteca de Maestros del Consejo Nacional de Educación, de pronto me mostró un libro de Alfonsina que acababa de llegar:

"—Entérese usted —me dijo— de esta dedicatoria inaudita: 'A Leopoldo Lugones que no me estima ni me quiere.

Alfonsina Storni'. Francamente, si ella lo considera así —y es falsísimo— no sé para qué me manda la obra.

"—Será para testimoniarle cariño y estima...

"—Será...

"—Y... ¿qué hará usted?

"—Lo que corresponde: Nada".[78]

Si esto ocurrió para la publicación de *Ocre*, uno puede explicarse por qué la poetisa comienza a sentirse poco apreciada y perseguida. Según Alejandro Storni, hacia 1928 Alfonsina vive durante un año en Rosario. Parecería que esta larga temporada de descanso responde a la necesidad de descanso interior. Alejandro cuenta que, poco después de este viaje, Alfonsina le contó que había estado con su padre. Según le contó, éste había estado muy enfermo. Alejandro recuerda que, a pesar de sus dieciocho años, no pudo contenerse y se puso a llorar.

No hay testimonios de estas visitas a Rosario, en las que Alfonsina visitaría a su madre y hermanos, ni tampoco las razones por las cuales empezó a sentirse perseguida por todo y por todos, a pesar del éxito y del reconocimiento de sus pares. Es posible conjeturar que, además del fracaso de su obra teatral, se reprochara también el rumbo tomado por su vida, y lamentara no haber elegido un camino más simple, más convencional, pero más seguro y estable. Quizás se reprochara no haberle dado un padre a su hijo. Las previsiones que, en relación a él, tomará antes de su muerte, la muestran preocupada por su futuro y fuertemente ligada a él.

Las obsesiones no la dejan vivir. Se cree perseguida y observada por todos los que la rodean, por los mozos de los cafés, por los guardas de los tranvías. Blanca de la Vega, su amiga y compañera en las cátedras del Conservatorio de Música y Declamación, planea para consolarla y distraerla un viaje a Europa.

El viaje a Rosario tuvo que ver con la decepción sufrida por el fracaso en el teatro, y quizás también con la necesidad de recuperar el perdido sentimiento de la familia, esa protección con la que nunca pudo contar y que sin embargo, ella misma madre, pudo ofrecer a su hijo Alejandro. A la vuelta, el viaje a Europa se transforma en un proyecto que la ayuda a salir de su estado de fragilidad, en el que la obsesión de la persecución se agrava. "Todo ojo que mira / me multiplica y dispersa / por la ciudad." Y también se advierten alusiones a la fragmentación del cuerpo: "Una nube de gritos y ruidos / me separan la cabeza del tronco, / las manos de los brazos, / el corazón del pecho, / los pies del cuerpo, / la voluntad de su engarce".

A fines de diciembre se embarcan con Blanca hacia Montevideo, y desde allí un buque ha de llevarlas a España, previa escala en Santos, Brasil. "Estoy en el puerto de Montevideo aguardando el buque que ha de conducirme a Europa. Mi compañera tiembla de emoción. Noches pasadas yo tampoco podía dormir. Imaginaba el mar y su helada carne verde, esponja insaciable, dispuesta a absorberme para siempre", escribe para *La Nación*. Está dispuesta a asombrarse, y el barco, que intuía terrible y enorme, le parece reducido y doméstico. Se siente otra mujer, dispuesta a buscar "un destino de milagro". Todo le gusta. Disfruta del menú, que le parece elegante y europeo, aunque casi siempre coma bife con ensalada.[79]

En Madrid visita el Lyceum Club, formado por las mujeres de los intelectuales, y la Residencia de Señoritas presidida por María de Maeztu, donde residen las muchachas que van a Madrid a estudiar; en ambos sitios dan conferencias y cursos intelectuales españoles y extranjeros. Su conferencia, titulada "Una mujer ultramoderna y su poesía" mereció comentarios tanto de Eduardo Marquina como de Enrique Díez-Canedo, en el diario *El Sol*, que dijo:

"Al hablar de Amalia Guglielminetti como mujer que ha sabido llevar a sus versos por cuenta propia, sus ideas de mujer emancipada, sensible al mandato del instinto en donde germina el verso femenino con toda lozanía, Alfonsina parecía hablar, lejanamente, de sí. Como la poetisa italiana en el coro de las modernas creadoras de belleza tiene su personalidad propia y bien marcada, así la argentina puede lucir sin ceder a ninguna, sus rasgos peculiares; mas algo hay en ella de la independencia de alma, del apasionamiento, del dolor, de la amargura que le hacen mirar a Amalia Guglielminetti con especial simpatía." Y termina diciendo: "La conferencia de Alfonsina Storni fue todo lo contrario de una fría y elegante disertación académica; fue una disección de alma, hecha a la luz del propio espíritu, una confesión, casi".

En Madrid le sorprende la sencillez de la aristocracia madrileña, la elegancia de las mujeres, la excelencia de los hoteles. Pero es en Barcelona donde descubre un mundo nuevo, ya que allí la mujer es menos retraída que la madrileña, y practica deportes propios de los varones, como el fútbol. Una noche unos amigos las invitan a un cabaret, la Bodega Andaluza, y allí la asombra que familias aristocráticas bailen al lado de las mujercitas galantes. Se entera de que Cambó, el gran político catalán, no tiene a menos invitar con una copa de champán a las bailaoras flamencas feas y pobremente vestidas que bailan allí. Pero la sencillez de la dama madrileña aquí se ha trocado en empaque y protocolo severo. "Allí, le cuenta a *La Nación*, para llegar a una dama pasa uno por cinco criadas; en Madrid pasa solamente por dos."[80]

La Alfonsina cómica vive una aventura propia de su distracción. Al subir al salón de conferencias de la Casa de la Prensa, alguien la detiene para pedirle su invitación. Como lo acompaña una persona uniformada, llena de medallas y galones, Alfonsina le tiende la mano y lo saluda. ¡Era el portero!

La Cámara del Libro ofrece una comida en su honor, a la que son invitados escritores y todos los editores catalanes. El cubierto vale 50 pesetas, y las ostras son tan difíciles de comer que Alfonsina declara, con humor, que, perteneciendo a una república democrática cuyo río no da ostras, le resulta más fácil hacer un soneto que comer tan caro. En esa comida, antes de su conferencia, conoce al novelista Carlos Soldevila y al gran poeta catalán José María de Segarra.

Aquél escribirá en *El Mirador* una crónica que será el orgullo de Alfonsina, que siente que ha conquistado definitivamente la gloria de los poetas mejores. "Alfonsina hace pensar en alguna rebelde hembra de un dios de las costas del Pacífico, de aquellos dioses que tenían cinturones de coco y una diadema hecha de plumas metálicas de aves de paraíso. Pero no nos engañemos, esta dama es de extracción europea; tiene todo el cansancio, todo el ácido corrosivo, toda la sensualidad profunda y toda la tristeza agria de esas delicadas calas, tan aparentemente delicadas, que uno puede encontrar tanto en Almería como en San Remo, como en un país de griegos infames o de pescadores de coral. . ."

Y continúa: "He conocido mucha mercadería de importación americana. . . He olido muchas flores pésimas y visto mucha literatura que no era más que literatura, y venía precisamente de las costas de América Latina. De vez en cuando me ha caído a flor de mirada una madrépora de la mejor sal. De tanto en tanto he conocido alguna sudamericana que se podía calificar de excelente. Nada, sin embargo, como este cabello, como esta cara musculosa, como esta voz y esta poesía de Alfonsina Storni". Para terminar, la compara con Rubén Darío, y admite que desde que el poeta nicaragüense murió, no ha podido anotar en su carnet de viaje un nombre tan auténtico como el de Alfonsina.

Visitan otros lugares: Toledo, Avila y El Escorial, y Andalucía, donde la impresiona la influencia de la religiosidad, Sevilla, Córdoba, Málaga y Granada. El paisaje español la hace escribir que: "Algunas aspas de molino sobre una cumbre parecen cruces domando la llanura".

Después París. Pero antes tienen tiempo de visitar el palacio de la marquesa de Villanueva, y parece que Alfonsina no se siente cómoda en medio de tanto boato, por lo que le comenta a su amiga que al palacio le vendrían bien unas salpicaduras de barro para humanizarlo.

Alfonsina, todos los testimonios coinciden, era rápida en la réplica y ácida en sus observaciones. Por eso cuando visitan en Murcia a una familia amiga de Blanca, de convicciones religiosas muy profundas y con su propio oratorio en la casa para escuchar misa, ésta le pide a Alfonsina que sea prudente. Cuando le preguntan a qué hora suele escuchar misa, Alfonsina, irónica y divertida, pero cumpliendo a medias con la consigna de no escandalizar, responde:

—A toda hora.

Y cumple con los demás yendo a misa, algo que no solía hacer, cubierta su cabeza rubia por una negra mantilla de encaje.

Lo más emocionante de este viaje debe haber sido la rápida visita que ambas hicieron, en Sala Capriasca, Suiza, a la casa en la que Alfonsina vivió sus primeros años de vida. Nos imaginamos el recogimiento ahora sí religioso al recorrer las habitaciones familiares, el esfuerzo por encontrar algún recuerdo al que agarrarse, con la emoción que siempre significa el lugar donde se sabe que está el origen. Alfonsina olvida todas sus obsesiones, aunque todavía en el barco de ida cree reconocer alguna cara enemiga y se muestra asombrada de que la sigan hasta ese lugar.

Alfonsina bromea con su amiga y le reprocha que prefiera las casas de moda a los museos. Le gusta que no haya tranvías en el centro, que el ruido no impida pensar y soñar. La vida nocturna no la atrae, sí en cambio las plazas y avenidas y la sobriedad de las iglesias, sus estatuas de mármol blanco. "La Madeleine podría ser por dentro un refugio de amadores griegos", dice. Y algo la sorprende en todas partes: nadie conoce la Argentina, ni a sus escritores. París, Suiza y luego el regreso, desde Boulogne-Sur-Mer, en el Cap-Arcona. Tardan tres meses en este viaje.

Alfonsina sigue escribiendo sus poemas nuevos, aquellos que van a formar parte de *Mundo de siete pozos*. "Podría tirar mi corazón / desde aquí, sobre un tejado: mi corazón rodaría / sin ser visto. / Podría gritar / mi dolor / hasta partir en dos mi cuerpo / sería disuelto / por las aguas del río." Es el lenguaje nuevo, pero también sobrevive la antigua manera, la de la mujer selvática y ardiente que le hace decir "a través de mi carne, miserable y cansada, / filtra un cálido viento de tierra prometida, / y bebe, dulce aroma, mi nariz dilatada, a la selva exultante y a la rama nutrida".

Enrique García Velloso, vicedirector del Conservatorio Nacional, dio a las dos amigas cartas de presentación para ciertos escritores españoles. Entre ellos Eduardo Marquina, que le agradece a García Velloso el haberlas conocido, y le dice que tanto Blanca como la Storni "dejan en Madrid una estela de inquebrantable recuerdo. Procuré atenderlas, mucho menos de lo que ambas merecen y desde luego muchísimo menos de lo que yo hubiera deseado".

Cuando viaje otra vez a Europa será en compañía de su hijo de veinte años, y este nuevo viaje lo aprovecha para visitar, por ejemplo, las ruinas de Pompeya, y se detiene en la ciudad de Ginebra. Alejandro tiene que correr de un lado a otro acompañándola en una verdadera maratón artística, y aunque su devoción por las obras de arte es inmensa, es capaz de interrumpir la visita a una iglesia para tomar café.

Berta Singerman cuenta que supieron de la existencia de Alejandro una temporada en la que vivían en el hotel Palace de Río de Janeiro. Sonó el teléfono y atendió su marido. "Alfonsina, ¿qué hace en Río?" "Voy de paso con el vapor para Europa", y añadió: "Les traigo una sorpresa, ¿puedo subir?". Subió, y al abrir la puerta la vimos con un muchacho. Sonriendo nos dijo: "¿A qué no saben a quien les traigo? Mi hijo". Berta y su marido no pueden disimular su sorpresa. Alfonsina agregó: "Mi hijo Alejandro. Me voy con él a Europa".[81]

Como todos los obsesivos, Alfonsina no puede dejar de pensar que a su regreso tendrá que devolver los dos sueldos que ha pedido prestados, pero esto no le impide reparar en la belleza de los hombres que pasan a su lado. "Viajaba en el barco el hombre más hermoso del mundo. Semidesnudo, como lo vimos al pasar la línea del Ecuador, reclamaba un carro triunfal que hubiera corrido, sin hundirse, sobre el mar."[82] Y este comentario del "Diario de una ignorante", publicado en el diario *La Nación*, se transformará en el bellísimo poema "Uno", donde cuenta su encuentro con un hombre bello, de piel color de miel que delata "su brazada heroica de nadador". Se imagina el pétreo torso bajo la clara pechera de la camisa, y no puede dejar de mirarlo. "Desde mi asiento, inexpresiva espío / sin mirar casi, su perfil de cobre. / ¿me siente acaso? ¿Sabe que está sobre / su tenso cuello este deseo mío / de deslizar la mano suavemente / por el hombro potente?"

Y un curioso texto, publicado en el Magazine del diario *Crónica*, en abril de 1931,[83] "Psicología de dos centavos", refleja las reflexiones de una mujer que, en carta a su amiga, le cuenta cómo se enamoró del hijo de la dueña de una pensión de provincias donde se reponía de haber dejado a su aburrido marido. "¿De dónde había salido esa estatua fornida y silenciosa que miraba verdemar, sonreía lustrosamente un rojiblanco aséptico, y doraba el ambiente a puro reflejo de piel bronceada?" Hombre de veinte años, madre celosa que impide el romance, mujer aplomada que a fuerza de golpes de su echarpe de seda logra que el jovencito le deje rosas en la almohada. Pero el idilio no cuaja, y la recién divorciada debe partir a buscar a otra parte su "ración de hombre", ya que allí le falló la historia.

Una tarde un grupo de muchachas van a visitarla a su casa de la calle Rivadavia. Luisa Albornoz, su amiga de hace años, es la presidenta de la Asociación Bachilleres del Liceo N° 1. Todas la admiran. Entre las chicas que integran la subcomisión de cultura está Julieta Gómez Paz. Le piden una conferencia, y ella ofrece a cambio la lectura de su obra *Cimbelina en 1900 y pico*, que está en pruebas de galera. La reunión se hace el 17 de octubre a las 17 y 30, en el salón de Actos del Museo Social Argentino, por entonces en la calle Maipú al seiscientos. Las autoridades del colegio no van, pero en cambio lo hacen Delfina Molina y Vedia de Bastianini, profesora de física de la escuela, y la doctora Telma Reca, que acababa de regresar de Europa. Sentada en el público luego de leer una admirativa presentación, Julieta recuerda cómo años atrás, un domingo a la tarde, la descubrió sentada en la platea de un salón de actos de la calle Florida, donde recitaba un mal actor. Julieta se acercó a saludarla, Alfonsina la invitó a sentarse a su lado. Julieta, con la intransigencia de la juventud, le manifestó su indignación por la pobreza y cursilería de aquel espectáculo. Pero Alfonsina fue más tolerante, y tal vez la piedad la llevó a saludar al recitador que la había invitado especialmente.[84]

Al regreso del viaje con Alejandro pasa a vivir a una pensión de la calle Rivadavia al 900, cerca, muy cerca del café Tortoni, en cuya peña Alfonsina vivió momentos muy felices. Inaugurada ya hacía varios años, en 1926, su patrocinador era Quinquela Martín, muy amigo de Alfonsina. Se cuenta que cuando la reunión decaía o había algún problema en puerta, para disolver la tensión, Quinquela hacía un gesto a Alfonsina que, apoyándose en el piano, recitaba alguno de sus poemas o cantaba un tango. Iban también Juan de Dios Filiberto, autor de "Caminito", Pascual de Rogatis, Enrique Ludet. El dueño del café, don Pedro Curutchet, les había escrito unos versos que se transformaron en precepto:

Ici, on peu causer, dire, boire, avec mesure,
et donner de son savoir-faire la mesure.
Mais seul l'art et l'esprit
On le droit de sans mesure se manifester ici.

Y los artistas respetaron la consigna, ya que dijeron sus versos no solamente Alfonsina Storni, sino también otros poetas como Fernández Moreno y Francisco Luis Bernárdez. Una de las situaciones más difíciles fue cuando el poeta italiano Marinetti, de ideas francamente fascistas, tuvo que bajar del tablado donde disertaba entre silbidos. Otra, cuando Ernesto Palacio, el historiador revisionista primo de Borges, con mucha gracia, se atrevió a recitarle estos versos de su invención al empalagoso charlista español García Sanchiz:

Señor García Sanchiz,
a esa horrenda perorata
aquí le llamamos lata.
¿Cómo se llama en Madrid?

Otro lugar de reunión era el grill del hotel Castelar, también en la Avenida de Mayo. Allí iban no solamente escritores y artistas, sino también público elegante que quería ver de cerca a los famosos. Además se podía bailar, y con frecuencia se veía entrar y salir a señoras y señores vestidos de etiqueta. La peña se llamaba "Signos", y desde allí se hicieron las primeras emisiones de Radio Stentor, y conferencias memorables como la de Ramón Gómez de la Serna sobre el Romanticismo. Allí se la vio a Norah Lange sentada en la plataforma del piano comiendo una cena fría, y Federico García Lorca no dejó de ir una noche cuando visitó Buenos Aires en 1934.

En 1931 el Intendente Municipal nombra a Alfonsina jurado y es la primera vez que ese nombramiento recae en una mujer. Alfonsina se alegra de que comiencen a ser reconocidas las virtudes que la mujer, esforzadamente, empieza a demostrar. "La civilización borra cada vez más las diferencias de sexo, porque levanta a hombre y mujer a seres pensantes y mezcla en aquel ápice lo que parecieran características propias de cada sexo y que no eran más que estados de insuficiencia mental. Como afirmación de esta limpia verdad, la Intendencia de Buenos Aires declara, en su ciudad, noble la condición femenina", afirma Alfonsina en un diario al referirse a su designación.[85]

El declive

I

Cuando termina mil novecientos treinta y dos, Alfonsina
publica sus *Dos farsas pirotécnicas: Cimbelina* y *Polixene
y la cocinerita*. Está tranquila, colabora en el diario *Crítica*
y en *La Nación*; sus clases de teatro son la rutina diaria, y
su rostro empieza a cambiar. Ha cumplido cuarenta años, y
su físico acusa los cambios. Las fotografías no le hacen
justicia, y en un soneto publicado en la revista *El Hogar* se
queja de esos detalles que le transforman los ojos en gara-
batos y la nariz reidera en muñón deforme. Tiene nuevas
amistades, entre ellas la compañera de trabajo, María Sofía
Kusrow, a la que todos llaman Fifi. Fifi tiene su edad, apenas unos días menos, y es una mujer sencilla y apacible, a
la que le gusta, como a ella, la calma de los paisajes tranqui-
los, sobre todo si el agua está cerca.

Fifi se ha comprado, con sus ahorros de profesora, un
campito en Colonia, en el Real de San Carlos, y allí cons-
truye un rancho de techo de paja, que luego se transformará en una casita. Alfonsina es huésped permanente de La
Casita, que hoy figura en los folletos de turismo como la
casa de Alfonsina, y allí se aparece, a veces de improviso,
porque aprecia la pulcritud de sus habitaciones, y los postres de leche, como buena suiza, dice. Fifi es divertida, le
gusta bromear y da de comer a las vacas los frutos que
arranca de sus árboles. Cuando está en Buenos Aires, sale

143

acompañada de otras amigas, entre ellas Haydée Ghio, y juntas toman el té en la Confitería del Gas. También va a la peña del hotel Castelar, lugar elegante donde —como se ha dicho— se hacen las primeras trasmisiones de radio Stentor.[86]

Allí Alfonsina va de mesa en mesa, y canta algunos tangos acompañada al piano por Ruiz Díaz. Nalé Roxlo recuerda su interpretación de los tangos "Mano a mano" y "Yira yira". Una noche el poeta italiano Massimo Botempelli le pregunta a qué se dedica. Ella, enojada por el desconocimiento, le contesta que dirige el tránsito en la Vía Láctea. Allí conoce a Federico García Lorca, que estuvo en Buenos Aires entre octubre de 1933 y febrero de 1934. Ella le dedicó un poema, "Retrato de García Lorca", publicado luego en *Mundo de siete pozos*, y en él hay algunos signos premonitorios. "Irrumpe un griego / por sus ojos distantes (...). Salta su garganta / hacia afuera / pidiendo / la navaja lunada / aguas filosas (...). Dejad volar la cabeza, / la cabeza sola / herida de hondas marinas / negras..." Simpatizan, y García Lorca, en una carta escrita desde Montevideo, imita a Alfonsina:

> *¡Oh canalla!*
> *¡Oh pérfido!*
> *¿Te has escondido*
> *y has hecho un nido*
> *en tu deseo?*
>
> (Copla a la manera
> de la Storni)

"El caso es que eres un canalla."[87] Y sigue con detalles personales.

Los viajes a Montevideo tienen otros motivos. Allí una mujer, María V. de Müller, sevillana que vivió en Buenos Aires y se casó en esta ciudad, ha creado una Asociación de Arte y Cultura, que celebra sus sesiones en el paraninfo de la Universidad. Por aquellas reuniones pasan todos los escritores latinoamericanos del momento. Allí es invitada Alfonsina y lee *Polixene y la cocinerita*, el 12 de julio de 1934. Pero ya son amigas de antes, y Alfonsina le escribe contándole que pasa unos días en una estancia, camino a Mar del Plata, y que luego irá a Montevideo. Cuando se decide, es el verano de 1933. Se aloja en el departamento de Maruja, en el Palacio Salvo, donde una habitación con los vidrios oscurecidos, para que la luz no la moleste, la aguarda.[88]

Allí conoce a otros escritores. Fernando Pereda, el poeta, la lleva a pasear en automóvil, y Nilda Müller, la hija de Maruja, que acaba de divorciarse, la acompaña a un baile de disfraces. Es en el Club de Bellas Artes, en la Avenida 18 de Julio y Paraguay. Las dos amigas improvisan unos disfraces y bailan toda la noche. Un amigo, acompañado de su mujer, al parecer muy fea, se acerca a saludarlas. Alfonsina, con perversa intención, le pregunta de qué está disfrazada. También iban a pasar unos días al campamento de la Asociación Cristiana de Jóvenes, en Piriápolis. Como Alfonsina era muy suelta de lengua, Maruja la adiestraba.

Ese verano, en las reuniones de la casa de Maruja, conoció a un jovencito de unos dieciocho años. Se llamaba Julio Bayce, y asistía a aquellas reuniones un poco como secretario de la asociación. Una noche, apoyado en el piano de Maruja, se puso a jugar distraídamente con un osito de paño del hijo de Nilda, Gonzalo. Alfonsina lo observaba, y le hizo alguna broma al respecto. "Desde entonces, cuenta Julio Bayce, me llamó 'el niño del osito'. Yo me sentía muy halagado, pero esto no me hacía perderle el respeto. Yo tenía con ella una relación como la que se puede tener con una artista consagrada, que era muy liberal. Ella me permitía cierta confianza, pero con alguna distancia."

En su carta del mes de abril de ese año, Alfonsina pide perdón a Maruja por no haberle escrito antes, y por no haberle copiado los versos que le pide. "Paloma cantora, le dice, ¿necesita los versos míos con apuro? Porque he dado a la imprenta mi nuevo libro de versos, donde está todo lo que puede interesarle. Si no aguanta hasta entonces, avíseme que le mandaré sacar copias de los versos que doña Maruja necesita. ¿Me pone morros? ¡Antipática!"

El libro es *Mundo de siete pozos*, y cuando Maruja lo recibe, luego de leerlo, lo deja en su mesa de la salita del Palacio Salvo. Allí lo encuentra Julio Bayce, que, de repente, se encuentra con un poema titulado "El adolescente del osito". Sabe que le concierne, que "el niño ha sido cambiado por el adolescente", sabe también que su edad y el clima del poema justifican el cambio. Al poco tiempo recibe un ejemplar del libro, con una dedicatoria cordial, pero sin ninguna mención del motivo del poema.

Julio Bayce es el autor del libro *Una institución cultural de medio siglo*, y allí recuerda cómo Alfonsina los hacía reír con sus cuentos un poco osados, como por ejemplo su experiencia de pocos días antes en Colonia, cuando, sentada debajo de un árbol, con un libro en las manos, en un momento que le parecía perfecto, ideal, de pronto fue interrumpida en su comunión con la naturaleza por una indiscreta paloma, que no pudo reprimir sus necesidades fisiológicas. "Esto, dice Julio, era considerado audaz, en una conversación de salón. Alfonsina era muy simpática y no reprimía su ingenio."

Aquella foto de Alfonsina dedicada a Maruja Müller es una prueba de cómo disfrutaba Alfonsina de lo que la vida le ofrecía a sus cuarenta años. Esta sí le hace justicia: Pelo corto, "a la garçon", la cabeza inclinada con coquetería, el brazo extendido en ademán gracioso y artificial.

La aparición de *Mundo de siete pozos* es un nuevo logro. Nueve años sin publicar un libro de poemas es mucho tiempo. Gabriela Mistral, al recibir el libro, le escribe diciéndole que poetisas como ella solamente nacen cada cien años. El libro está dedicado a su hijo Alejandro. "Tiene mi vida, que bien vale un verso", cita a Enrique Banchs. Otro poema, "Retrato de un muchacho llamado Sigfrido" (por Sigfrido Radaelli), se permite la audacia de resaltar la belleza de otro joven de veinte años. "Tu nombre suena / como los cuernos de caza / despertando las selvas vírgenes (...). Y tu nariz aleteante,/ triángulo de cera vibrátil, /es la avanzada / de tu beso joven."

Ese verano, en el Real de San Carlos, pasa momentos de verdadera paz en la casa de Fifi Kusrow, en Colonia. Largos paseos por la orilla del río, descalza. A veces se tiende en la arena, siente que descarga sus nervios, todo el agotamiento que no la deja disfrutar. En su habitación de ventana al río, junto a la de Fifi, largas noches de sueño y extendidas siestas. Una mañana le cuenta a su amiga que le había parecido ver una sombra. Sintió miedo, pero al instante su naturaleza exigente la obligó a reaccionar. "Me tiré de la cama y abrí la puerta de par en par." Por la tarde, largos paseos en el carrito tirado por "Bonito", al que Alfonsina no permitía que Fifi azuzara con el látigo. Cuando el caballito se paraba, había que esperarlo. "Quiere mirar el paisaje", decía Alfonsina. Sentadas en los escalones de piedra de La Casita, Alfonsina cantaba "canzonetas". "Mire, Paloma, le dijo una tarde a Fifi, si me levanto súbitamente es porque me voy a escribir un poema, o a hacer pipí." Debajo del ombú, donde tantas veces se sentaban a charlar, donde luego de la muerte de Alfonsina Fifi hizo poner una chapa con las palabras de su amiga, Alfonsina decía "aquí renazco como una flor".

Al verano siguiente, Alfonsina repite su recorrido. Unos días en Colonia, otros en Montevideo, otros en Pocitos, descansando en el hotel. Una mañana, Alfonsina toma sol sentada en la orilla del mar. Le gusta dejarse estar así, a medias bañada por las olas bajas, mientras se abstrae de lo que la rodea. Cuando una ola más fuerte y alta que las otras le pega de frente, Alfonsina siente un dolor fortísimo en el pecho. Casi desvanecida, sus amigos la llevan hasta la orilla. Cuando se recupera, algo la lleva a tocarse el pecho. Y se da cuenta de algo que hasta ese momento no le ha llamado la atención: un bulto se deja tocar por su mano. La vuelta a Buenos Aires es triste. Alfonsina reacciona queriendo restar importancia al descubrimiento, pero finalmente la verdad se impone y entonces busca el apoyo de los amigos.

Blanca de la Vega y Salvadora Medina Onrubia de Botana, quienes la frecuentaban por esa época, trataron de restar importancia al asunto, pero insistiéndole que se tratara de inmediato. Blanca recuerda la tarde en que Alfonsina la llevó hasta su dormitorio y se descubrió el pecho para hacerle tocar la dureza.

Finalmente fue Benito Quinquela Martín el encargado de acompañarla a la consulta. Alfonsina había llegado como alma en pena al estudio del pintor, un mediodía, como era su costumbre. Mientras tendían la mesa ella contemplaba el Riachuelo, con expresión de tristeza. El pintor estaba acostumbrado a recibir las confidencias de la escritora, sobre todo últimamente, en que se sentía olvidada y poco apreciada por los jóvenes. Pero esta vez se trataba de otra cosa. Entre sollozos, Alfonsina le cuenta a Benito que esta vez su enfermedad es grave, y sobre todo, que no sabe qué hacer. Su familia está lejos, su hijo es muy joven como para hacerse cargo de una situación tan amarga. Quinquela trata de disimular la dolorosa sorpresa, y sabiéndola sensible, le habla de la enfermedad como de algo que es posible detener, pero sólo si se pone en manos de un buen especialista. Alfonsina, contenida por la bondad protectora del amigo, acepta. El doctor José Arce, el famoso cirujano, es quien la opera. No fue difícil que se mantuviera tranquila los días que precedieron a la operación. La compañía de los amigos hizo mucho en su favor. Incluso el reportaje que publicó la revista de *Crítica* fue una distracción.[89]

La tarde que el periodista se acercó a conversar con ella, fue posible, todavía, reflexionar sobre las diferencias entre uruguayos y argentinos. El periodista la nota muy bronceada, y ella le cuenta cómo este año su estadía se ha prolongado un poco. Alfonsina se explaya, está contenta. "Los uruguayos son más fantasiosos, nosotros los argentinos, mucho más racionales. Necesitamos de los uruguayos un poco de su imaginación, y sobre todo, de su audacia." Algo la hace decir que el uruguayo endiosa a sus escritores, mientras que el argentino los baja del pedestal a pedradas. ¿Se siente ella misma así? Es cierto que las críticas de su último libro no fueron muy elogiosas, pero también es cierto que el ímpetu creativo ha disminuido mucho en esta Argentina gobernada por el general Justo, en la que importan más los negociados que la creación de los escritores. Es el año de la interpelación a los ministros de Agricultura y Ganadería, y Lisandro de la Torre, el acusador, es baleado en el Congreso. Por defenderlo, muere el senador demócrata progresista por Santa Fe, Enzo Bordabehere. La invasión de Abisinia por parte del ejército de Mussolini no despierta en los intelectuales argentinos una reacción definida, la única que se manifiesta es otra mujer, Victoria Ocampo, que adhiere al manifiesto de los intelectuales franceses. "Creo también que el miedo al ridículo es una seria valla de contención para el argentino."

El periodista se va, y cuando llega a su redacción, escribe el copete:

"La personalidad vigorosa de Alfonsina Storni se destaca en nuestra literatura. Su poesía tiene un sello inconfundible, un sabor inimitable. Sabor de mujer que siente hondamente y escribe lo que siente, sabor de sinceridad, de humanidad sin falsos pudores. Su obra es fuerte y valiente como ella. Porque Alfonsina Storni es una de las mujeres que más han tenido que luchar contra la vida; y jamás doblegada, ha sabido levantarse por su propio esfuerzo".

La entrevista apareció publicada el 18 de mayo de 1935. Dos días después, en el sanatorio Arenales, Alfonsina es operada de lo que ella cree que es un tumor benigno, y en cambio es un cáncer de mama con ramificaciones. Luego del sanatorio pasa su convalecencia en casa de sus amigos los Botana, "Los Granados", en Don Torcuato. Los Botana eran los dueños del diario *Crítica*, y Salvadora acoge con fraternal amistad a la amiga tocada por la enfermedad. Salvadora y una ex alumna, Felisa Ramos Mozzi, se turnan para cuidarla, junto con una enfermera pagada por los Botana.

La casa de los Botana está rodeada de un parque que es una pequeña reserva natural. Pavos reales, osos pequeños, toda clase de plantas. Además, una biblioteca que está llena de libros maravillosos. Sin embargo, la inquietud provocada por la vulnerabilidad a que somete toda enfermedad grave hace que Alfonsina no pueda disfrutar de esas ventajas. Quiere estar rodeada de personas queridas, y la invita a Fifi Kusrow para que pase unos días con ella. "Fui a visitarla, y cuando la enfermera nos dejó solas, me mostró el revólver que guardaba en la mesita de luz, para defenderse de la posibilidad de un robo. Me impresionó mucho verla así, aunque el revólver no sería de ella sino de los dueños de la casa, pero no acepté la invitación porque no me gustaba la idea de dormir con un arma al lado", cuenta Fifi Kusrow.

Cuando Haydée Ghio va a visitarla, Alfonsina le dice, patéticamente: "Haydecita, Haydecita, mi cuerpo, mi cuerpo". Pasados los veinte días de la convalecencia, una noche, asustada por una tormenta, resuelve irse a la mañana siguiente. Vuelve a su casa de la calle Suipacha 1123, en la que vivirá hasta el año 1937, cuando se muda al edificio Bouchard House, en la calle Bouchard, frente al estadio Luna Park.

La enfermedad le da una tregua. Pero su carácter es otro. La Alfonsina sociable, que por momentos parecía ahogar sus preocupaciones refugiándose en la compañía de los otros, ha cambiado. No frecuenta a sus viejas amistades, parece que le molesta admitir que su cuerpo ya no es el de antes, que la mutilación la ha tocado de modo irreversible. Su actitud, sin embargo, es ambigua. Quiere vivir, pero no acepta los tratamientos impuestos por la medicina. De las sesiones de rayos que le prescribe, sólo va a la primera aplicación, que la deja exhausta. No puede soportar el tratamiento, y no vuelve nunca.

Unos días después de instalarse en la casa de la calle Viamonte, muere Carlos Gardel en un accidente de aviación. Alfonsina lamenta su muerte, porque admira al cantante, aunque prefiere muchas veces la música de los tangos a su letra. Su hijo la nota extraña, no lo deja que la bese, se lava las manos con alcohol antes de acercarse a él o de preparar la comida.

Pero la inquietud se amengua, o por lo menos así lo parece. Porque Alfonsina tiene adentro cosas que no deja traslucir. A pesar de su exigente racionalismo, hace unos años se dejó hacer un examen quirológico. Claro, fue algo así como un juego, porque se trataba de cubrir una nota para la revista *El Hogar*, para la que colaboraba a menudo. No fue la única, también se dejaron examinar el doctor Vicente Gallo y el escritor Manuel Gálvez. El quirólogo es Eugenio Soriani, un italiano que estudiaba ingeniería electrotécnica en el Politécnico de Turín cuando la guerra y otros sucesos familiares lo obligaron a interrumpir sus estudios. Soriani viaja a Viena en 1920, y allí un amigo le presenta al gran quirósofo Kleitz, que en ese entonces tenía a toda Europa pendiente de sus vaticinios. Reyes y políticos lo habían consultado para poder prever acontecimientos desfavorables. Kleitz mira las manos de Soriani, le toma seis impresiones y a los pocos días le cuenta a Soriani toda su vida. Le informa, también, de sus condiciones de quirosofía. Soriani termina sus estudios de matemáticas y luego emprende el estudio sistemático de la quirosofía, bajo la dirección del mismo Kleitz.[90]

Alfonsina se somete al examen, y es así que podemos ver las fotografías tomadas a sus manos. Curiosamente, la nota se publica el 29 de mayo, exactamente cinco años antes de la operación. Soriani no publica detalles de la vida privada, sino más bien tendencias de carácter, tales como "hay mucha pena y amargura en el fondo del alma de Alfonsina Storni por el contraste entre el mundo luminoso de su fantasía y el ambiente real y materialista de la vida que la rodea". Hace un comentario interesante desde el punto de vista intelectual: dice que Alfonsina tiene dotes de comentadora de la obra de otros, de manera que este aspecto, secundado por su facilidad de expresión y su fuerza comunicativa, le hacen posible resaltar con brillantez las dotes de los otros. "Pero, añade Soriani, también tal duplicidad ha influido desfavorablemente en ella, pues ha dividido su capacidad total. Habría podido sobresalir aun más en la poesía si no hubiera tenido esta doble personalidad mental." Y luego, la predicción: "Su salud se debilitará un tanto a los cuarenta y cuatro años y a los cincuenta y cinco-cincuenta y siete". Y añade: "Vivirá más de setenta años".

Si Alfonsina creyó algo en este dictamen, habrá quedado verdaderamente asombrada por la exactitud de las observaciones. Años después, a dos días de la muerte de la escritora, Soriani recordó para *Noticias Gráficas* que mientras se realizaba el examen Alfonsina estaba intranquila e impresionada, y preguntó varias veces si los descubrimientos y revelaciones iban a ser publicados. Tanto el periodista como el mismo Soriani le aseguraron que nada referente a su vida privada iba a ser publicado, y cumplieron.

En febrero de 1936, comienzan los festejos del cuarto centenario de la Primera Fundación de Buenos Aires. Alfonsina está en esos días en Mar del Plata, y desde allí le escribe a su amiga Maruja Müller en el reverso de una tarjeta postal. Le agradece por su "animosa cartita", le avisa que irá a Montevideo en cuanto pueda, pero que Mar del Plata está muy simpática ese año. "Hay un mundo de gente", le escribe. Y desde el diario *Crítica*, una crónica a la que titula "Film marplatense".[91] Luego de aclarar que no ha venido a descubrir Mar del Plata, tratará de ser como el objetivo de una cámara fotográfica, escribe: "El mar cambia a cada momento de pellejo y posturas; la ola traga a su víctima y huye a digerirla en sus húmedos subterráneos, sin que nadie la vea". Extrañas palabras que preceden a una crónica frívola que trata de ser chispeante y original. Baile en una confitería sobre el mar, en la que éste sacude los pilares y hace oscilar las lámparas colgantes con un vaivén siniestro.

Alfonsina ejercita su poder de observación, y lo cierto es que no lo hace mal. Es precisa y sarcástica, pero retrata tipos que podemos imaginar fácilmente. Las inglesas a las que el ambiente no disgusta, y beben parsimoniosamente su té, mientras mastican la torta azucarada. Una de ellas ofrece un cigarrillo a una niña de unos catorce años, que fuma con naturalidad frente a su padre. El "alto empleado", que teme al ridículo, sin advertir que ninguno de sus subalternos puede pagar la entrada al té danzante, y por lo tanto nadie va a verlo bailar. Y la mejor lograda, la de la mujer que fue traída por su marido de una casa de miserias, en la populosa capital de provincia. "Ahora, siempre algo gruesa y de ojos abotagados, viste de negro y se sostiene sobre unos tacos altísimos que silabean el tango como sólo el arrabal puede. Toscos rulos detrás de las descubiertas orejas, la garganta comba y sensual, las pesadas joyas falsas, el ceñido traje fulgurante, delatan la lejana vida enterrada."

En el mes de marzo se estrena la pieza teatral de Pedro Rico y Mario Flores titulada *Mariquita Thompson*, sobre la vida de la señora en cuya casa se cantó por primera vez el Himno Nacional. Fue en el teatro Sarmiento, y la intérprete principal, Camila Quiroga, que en aquellos años despertaba la admiración del público porteño. Allí, una noche, al terminar el espectáculo, Alfonsina pasó a saludar a Camila. Ante algunos amigos contó algo que sorprendió a todos.

"¡Qué gran actriz perdió el teatro!", dijo Camila, refiriéndose a Alfonsina. Así todos se enteraron que las dos, en su temprana juventud, habían sido actrices de la compañía de José Tallaví. Camila tenía un año más que Alfonsina, que en aquella época tenía apenas dieciséis.[92] Alfonsina, en una confidencia poco habitual en ella, contó cómo su madre, al verla entusiasmada, le permitió incorporarse a la compañía y viajar durante un año con ella. "Pero la interpretación de los papeles que me tocaron durante la gira, que fue muy larga, me consumía los nervios, y resolví dejar el teatro para irme a estudiar de maestra a Coronda", terminó de explicar Alfonsina.

Otra fiesta de la poesía, esta vez femenina, es la que se organiza en la peña Signo. La acompañan en su lectura unas jóvenes poetas que no tienen ni su edad, ni su calidad poética ni el reconocimiento del público como los tiene ella. Todas juntas, en una foto convencional, y Alfonsina en el centro, vestida de negro, la única con papeles en la mano, el pelo ya definitivamente blanco.

El 23 de mayo, a un año de su terrible operación, se inaugura en Buenos Aires el Obelisco, como parte de los festejos del aniversario de la Fundación. Monumento discutido, alabado por unos y denigrado por otros, ese mismo año muere Lola Mora, en la pobreza más absoluta, mujer que hubiera podido captar las necesidades estéticas de Buenos Aires y encender en ellas la lucecita de su interpretación personal. Alfonsina pronuncia varias conferencias, y advierte en una de ellas, "Desovillando la raíz porteña", que Buenos Aires no tiene todavía su poeta ni su novelista ni su dramaturgo, pero sí, en cambio, había sabido echar mano de unos compases diferenciales, los del tango. Y señaló el barrio Sur como el baluarte de la canción porteña, y observó que "su música está muy por encima de sus torpes estrofas". Esta charla fue leída por radio, pero en otra de algunos días después, "Teresa de Jesús en sangre, en la primera fundación de Buenos Aires", aprovecha para señalar el parecido de su letra con la de Teresa de Jesús y explicar las características propias que tiene la creatividad femenina: "Si desde el punto de vista de la creación artística la semejanza grafológica no tiene justificación, acaso lo tenga como carne femenina que recibió el don varonil de la expresión y por esta subterránea vía se establezcan los puntos de contacto, ya que casi todas las mujeres que escriben se parecen en el hecho de ser individuos centrípetos que sujetan el mundo circundante a su naturaleza, biológicamente raíz. Las mujeres somos, desde luego, lo estable, lo permanente, el suelo; y el hombre es el ala, el accidente, que no vuela demasiado porque nuestras redes tienden a fijarlo. Inútil que la mujer quiera esquivar, deliberadamente, los temas instintivos; su expresión es, salvo raras excepciones, sensual aun cuando su arte manipule materia celeste".

Alfonsina ha aceptado por fin la opinión común que hace de la mujer algo así como un ancla, en contraposición con sus primeras afirmaciones poéticas, en las que preguntaba a su madre las claves de su nacimiento, "porque mi alma es toda fantástica, viajera, / Y la envuelve una nube de locura ligera". Hay en este texto un deseo implícito de conformar a los demás, de terminar ya con esa estéril y cansadora tarea de demostrarles siempre que una mujer puede vivir como los otros. "Mi más grave fracaso, dijo, no haber podido convencer a los que me rodean de que, por tener un cerebro masculino, tenía derecho a vivir mi vida con la independencia, la dignidad y el decoro con que puede vivirla un hombre normal."

La estricta división de los papeles, femenino y masculino, hizo de ella una prisionera de las convenciones, y para liberarse debió ir contra la sociedad, quizás rechazando algunas ventajas que su feminidad aceptada en toda su plenitud le hubiera procurado. Uno de los más bellos poemas sobre este tema sintetiza el drama de una mujer incomprendida y esclava. Se llama "Mujer", y allí le habla a su igual, como hace tantas otras veces. Le dice: "La vida acaba en tu cuello: no subas. / Círculos fatales te bajarán de nuevo a la cintura. / Ata, allí, la hilera de soles antiguos de donde parte la vida. / Vuelve a la danza primitiva. / Levanta los brazos en ánfora y prende al armonioso contrapunto de tus pies el deseo del hombre. / Clava a Kant contra las altas rocas con el alfiler de oro que distribuye los pliegues de tu clámide y con las manos dormidas sobre el rumor de tu cintura mira volar a tu compañero que caza números en las pampas azules".

En este renunciamiento definitivo a la lucha, quizás la acompañó, sin saberlo ninguno de los dos, sin que a lo mejor lo hubieran hablado jamás, su compañero Horacio Quiroga. Desde 1935, el año en que también comienzan las angustias para Alfonsina, Horacio sufre apremios económicos, porque lo habían declarado cesante de su cargo de cónsul en Misiones. La SADE había enviado entonces una nota al presidente del Uruguay pidiéndole la reposición en su cargo, pero el pedido es denegado. Firma la nota el amigo de Alfonsina, Roberto F. Giusti. Finalmente, luego de haber iniciado el escritor sus trámites jubilatorios, el Ministerio de Relaciones Exteriores lo nombra cónsul honorario, con un estipendio de cincuenta pesos. Su salud se ha resentido, los médicos de Posadas le hablan de una hipertrofia de la próstata. En mayo de ese año de 1926 su mujer y su hija se vuelven a Buenos Aires. La relación con María Elena fracasó. La publicación de *El más allá*, su último libro de relatos, no ha servido para compensarlo de sus amarguras. En abril le había escrito a su amigo Ezequiel Martínez Estrada palabras que lo muestran consciente de su final. "Hablemos ahora de la muerte. Yo fui o me sentía creador en mi juventud y madurez, al punto de temer exclusivamente a la muerte, si prematura. Quería hacer mi obra (...). El único que no sale del paso es el creador, cuando la muerte lo siega verde. Cuando consideré que había cumplido mi obra —es decir, que había dado ya de mí todo lo más fuerte—, comencé a ver la muerte de otro modo. Algunos dolores, ingratitudes, desengaños, acentuaron esa visión. Y hoy no temo a la muerte, amigo, porque ella significa descanso (...). Pero el asunto capital es la certeza, la seguridad incontrastable de que hay un talismán para el mucho vivir o el mucho sufrir o la constante desesperanza. Y él es el infinitamente dulce descanso del sueño a que llaman muerte." [93]

A fines de septiembre, Alfonsina sabe que Horacio está en Buenos Aires. Ha llegado pobre, solo, demacrado, metido en su sobretodo, que parece quedarle grande. Lo esperan en el puerto todos sus amigos, su esposa y su hijita Egle. Esa noche duerme en lo de Martínez Estrada y al día siguiente lo internan en el Hospital de Clínicas, de donde no saldrá hasta febrero, el dieciocho, cuando muere luego de haber bebido cianuro. Sus sufrimientos son enormes, y nada puede atenuarlos. Cuando descubre la verdad de su mal, visita a sus amigos, se despide de su hija Egle y compra el veneno.

> *Morir como tú, Horacio, en tus cabales,*
> *y así como en tus cuentos, no está mal;*
> *un rayo a tiempo y se acabó la feria...*
> *Allá dirán...*
> *No se vive en la selva impunemente,*
> *ni cara al Paraná.*
> *Bien por tu mano firme, gran Horacio...*
> *Allá dirán.*
> *(...) Más pudre el miedo, Horacio, que la muerte*
> *que a las espaldas va.*
> *Bebiste bien, que luego sonreías...*
> *Allá dirán.*

Quiroga permanece internado, a la espera de que el doctor Arce, el mismo que operó a Alfonsina, le practique la extirpación de la vesícula. Puede salir del hospital siempre que no vaya muy lejos, pero la mayor parte del tiempo lo pasa recordando Salto, su ciudad natal. Incluso hace dibujos de los lugares de su infancia, y planea todo el tiempo volverse a vivir a Uruguay.

A dos años de su operación, Alfonsina tiene que temer por su futuro. Porque además, el final de Horacio ha estado rodeado de todos los detalles más terribles: no había dinero para el entierro.

Los amigos consiguen que Natalio Botana pague los gastos, y el velatorio se lleva a cabo en la Casa del Teatro, sede de la SADE. Es Gerchunoff el que le pide la casa a García Velloso. Casi no va nadie. La tristeza del desconocimiento al que se vio sometido Quiroga en sus últimos años y después de su muerte hablan muy mal de las condiciones sociales del momento. Sus restos son incinerados en la Chacarita, y llevados en una urna hasta Montevideo. Y allí la situación se revierte. En un parque público se arma un túmulo especial, y la urna es expuesta en un tronco de algarrobo. Se oyen los acordes del preludio y muerte de amor, de *Tristán e Isolda*, de Wagner, y la urna es llevada finalmente a Salto, donde sus restos descansan en una bóveda familiar. Sus biógrafos amigos, asombrados por la impresionante ceremonia, juzgaron que no hubo memoria de homenaje igual, ni cuando llegaron de Italia los restos de Rodó, ni cuando murieron Florencio Sánchez o Zorrilla de San Martín.

Alfonsina se va unos días a Bariloche, a descansar de tanta dura prueba. Como siempre, envía sus crónicas a *La Nación*. Pero mientras tanto, durante las noches especialmente, prepara su nuevo libro de versos. Está en ciernes una nueva manera de pensar la poesía, que es, de todas maneras, una nueva forma de pensar el mundo. Tiene que luchar con los presentimientos funestos que la muerte de Horacio ha traído hasta ella. ¿Podrá librarse de la tremenda enfermedad? Una amiga que se operó junto con ella está absolutamente repuesta. Ella, sin embargo, está llena de aprensiones. Se cuida de todo. Cuando come pan, deja el último pedacito, el que tocó para sostenerlo... Este detalle impresiona a Fifi Kusrow, cuando comprueba que de esta manera Alfonsina, en realidad, está practicando un exorcismo. Cuando publique, al año siguiente, *Mascarilla y trébol*, en el prólogo se permitirá hablar de estos cambios. "En el último par de años, dirá, cambios psíquicos fundamentales se han operado en mí: en ello hay que buscar la clave de esta relativamente nueva dirección lírica y no en corrientes externas arrastradoras de mi personalidad verdadera."

Con estas afirmaciones confirma su verdadera concepción de la poesía como algo que surge de la interioridad, y que no se sujeta a los cambios que pueden aportar o imponer las modas literarias. Lo cierto es que está escribiendo de otra manera, casi en estado de trance, y aunque el

158

"cepillado", como lo llama ella, haya llevado mucho tiempo, los poemas han brotado del impulso inicial, en un vehículo en movimiento o en medio del sueño. Por eso, dice ella, esta nueva manera tan suelta de escribir.

No cabe duda de que está reflexionando sobre la nueva etapa de su vida. Tiene cuarenta y cinco años, está en la mitad de la vida, y ha sufrido una enfermedad grave, que difícilmente tenga cura. Sabe que la amenaza está pendiente, y ante la amenaza, reacciona trabajando, con la ambigüedad de todos los condenados a muerte. Trata de detener el tiempo en sus versos, apresarlo antes de que sea demasiado tarde. Porque parece asociar la vejez, la decadencia y desaparición de ciertos signos vitales, con la muerte de la creación. Cuando habla de la fertilidad física, homologándola a la existencia de un río encerrado en el cofre del regazo femenino, dice: "Por sus crecidas Ella fue creadora / y los números fríos revelados / en tibias caras de espantados ojos. / Un día de su seno huyóse el río / y su isla verde y florecida de hombres / quedó desierta y vio crecer el viento". ("Tiempo de esterilidad".) De esta conmovedora manera señala Alfonsina el fin de la posible maternidad, y revela al mismo tiempo hasta qué punto identifica hijos con obra, en actitud absolutamente femenina. Aunque sea de un "femenino" absolutamente convencional.

Alfonsina siente que ha dominado al mundo. Mundo para ella quiso decir inquietud, huracanes, furor, latir de sienes y anhelo físico de amar. Ahora, desde lo alto de su casa, puede ver los barcos que se alejan, el humo de las chimeneas que se deshila en los crepúsculos, la ciudad tranquila de la tarde. Hoy sus sobresaltos se han convertido en los azules finos y empinados puertos, el mundo es una productiva rueca subordinada al pie de esta mujer que ha sosegado las sombras que la perseguían.

En diciembre de mil novecientos treinta y siete tiene terminado su libro, y se lo lleva a su amigo de los comienzos, al crítico y director de la revista *Nosotros*, Roberto Giusti.

Me voy contenta

Giusti recibe los poemas, a los que Alfonsina llama "antisonetos", y los lee atentamente. Se advierte en ellos una manera particular de plantearse las asociaciones poéticas, casi como juegos de ingenio, que a Giusti, profesor de literatura, le recuerdan al español Góngora. Esas rupturas de la sintaxis, esas metáforas tan raras... Lee con cuidado, tratando de descifrar el sentido: "Algo contarme quiere aquel hinojo / que me golpea la olvidada pierna, / máquina de marchar que el viento empuja". Alfonsina ha puesto en muchos de ellos notas aclaratorias, como si desconfiara de la capacidad de comprender de sus lectores, como si sintiera haber ido demasiado lejos. "Le aconsejé no cargarlos de tales glosas, dice Giusti, no tratar al lector como un pedagogo a sus discípulos." También le llama la atención la insistencia en el paisaje, sobre todo en el río, y ese "Autorretrato barroco" que impone al rostro de Alfonsina el de una máscara de viejo mármol enmohecido, al que la más tierna música no entibia... En su homenaje de noviembre de 1938, en la Asociación Libre de Estudios, Giusti admitirá que el libro le pareció "carecer de alma".

En enero de 1938, Alfonsina está, como siempre, en Colonia. Sigue escribiendo, y la tarde de su llegada al hotel —la casa de su amiga Fifi estaba ocupada por otros amigos— sale a caminar por los alrededores. Todo le llega:

los perfumes de las retamas, el acre olor del estiércol. La tarde cae, las ranas croan al crepúsculo y las puntas de los cardos se apoderan de la luz rojiza. La sombra de Alfonsina se dobla sobre el camino, y siente que de esto va a nacer un verso. Corre hasta el hotel, se le vuela el sombrero, pero ya está: "Redoble en verde de tambor los sapos / y altos los candelabros mortecinos...". Todo bueno para este deseo de combatir el tiempo. De noche, en la hamaca del jardín, el canto de una cigarra desata nuevas asociaciones. O caminando por la alameda que lleva del Real de San Carlos al balneario, con sus pantalones de pana de jardinero, que la hacen sentirse ridícula... Otro día, volviendo de la playa, el enojo de alguien querido —¿Alejandro?— la hace descubrir que el paisaje también puede estar enojado. Pero hay un poema, sobre todo, que aprecia particularmente, "Barrancas del Plata en Colonia". El 15 de enero se lo envía a Giusti, con una carta donde justifica el envío, "me parece que será simpático publicar una impresión de paisajes tan cercanos al nuestro y sin embargo diferentes. Déle usted la ordenación que le parezca respecto de los otros (se refiere a los que van a ser publicados en *Nosotros*) tres en su poder".[94]

El veintiséis de enero, en Colonia, Alfonsina recibe una invitación importante. El Ministerio de Instrucción Pública ha organizado un acto que reunirá a las tres grandes poetisas del momento, en una reunión sin precedentes: Alfonsina, Juana de Ibarbourou y Gabriela Mistral. Será en el gran patio del Instituto Vázquez Acevedo, y la invitación pide "que haga en público la confesión de su forma y manera de crear". Tiene que prepararse en un día, seguramente la han estado buscando antes sin poder encontrarla. Alejandro y ella viajan en automóvil hasta Montevideo, y ella, llena de entusiasmo, escribe su conferencia sobre una valija que ha puesto en las rodillas. Divertida, encuentra un título que le parece muy adecuado: "Entre un par de maletas a medio abrir y las manecillas del reloj".

El encuentro es un éxito. La risa amable del público

uruguayo interrumpe la voz potente y bien timbrada de Alfonsina. Entre el público, una adolescente que ya quiere saber de poesía, la uruguaya Idea Vilariño, observa la reunión con el escepticismo de la juventud.[95] Sin embargo, de la tres mujeres, Alfonsina le parece la más interesante, la más aguda, la más vital. Juana de Ibarbourou, muchos años después, en un homenaje a la argentina hecho en Piriápolis, recuerda que esa fue la última vez que la vio. "Cada una se desempeñó como pudo en emergencia tan difícil. La recuerdo a Alfonsina, 'chatilla y fea', como dijera de sí ella misma, muy roja del sol uruguayo y los salinos vientos de la costa de Colonia, de donde vino expresamente para este acto (...). Alfonsina fue voluntariamente al encuentro de la muerte, muy poco después. Queda, de aquel día de Montevideo, una fotografía en que estamos las tres: Gabriela, Alfonsina y yo, con la sonrisa que exige el fotógrafo y que al fin nadie tiene el valor de negarle."[96]

Pero el viaje no terminaría todo lo bien que Alejandro y Alfonsina quieren. "Estamos en la playa de Pocitos, dice Alejandro. La mañana es calurosa. Llega hasta nosotros una leve brisa que viene del mar. Mi madre habla pausadamente, con tranquilidad, como si no hablara de ella. Me confiesa los serios temores que le inspira su salud. Me resisto a creerlo."[97] Pero hay otras personas a las que Alfonsina hace partícipes de sus temores. Maruja Müller es una de ellas. "Mi madre estaba muy preocupada, porque ella había retrasado su viaje al Uruguay", dice Nilda Müller.

Antes de volver a Buenos Aires pasa unos días en Colonia, esta vez en La Casita de Fifi. A pesar de que corrige sin darse tregua las pruebas de sus poemas, Fifi la nota extraña. Sin embargo, le cuenta entusiasmada el encuentro en el Instituto Vázquez Acevedo. "Parecía un match de fútbol, cada una con su hinchada. Gritaban, 'Alfonsina', 'Gabriela'." Y se ríe cuando lo cuenta.

Pero la tarde en que una víbora se le cruza en el camino, ya no tiene ganas de reírse. "Esto no es bueno para mí", le dice a Fifi. La amiga sabe que tiene dolores, aunque ella los disimula. "Si alguna vez supiera que tengo una enfermedad incurable, me mataría. Alejandro puede defenderse y mi madre no necesita de mí", le dice a Fifi. Y le dedica un poema, "La Colonia a medianoche", donde dice: "¿Quién del lecho me empuja hacia el sendero / de encapuchados y me lleva al río?".

Pero a veces se pone sarcástica, y dice que si enferma otra vez, irá a La Casita a elegir la costa en que se embarcará para el viaje. Y se ríe de una manera tremenda.

Cuando vuelve a Buenos Aires, sabe de dos muertes que la conmueven: Leopoldo Lugones se ha suicidado en un recreo del Tigre, y también la hija de Horacio, Eglé, que apenas tenía veintiséis años, la misma edad de su hijo. Muchos dicen que Alfonsina había hecho un trato con Lugones y que aquel no pudo esperarla. Nadie sabrá nunca si esto fue o no así, pero lo cierto es que durante todo ese año Alfonsina va los domingos al Tigre. Al volver, llamaba a lo de Julia Prilutzky Farny y le preguntaba si podía ir a su casa.

Alfonsina se prepara para morir. La conferencia de Montevideo, que tituló de manera divertida, se ha transformado en un presagio. La maletas están a medio cerrar, y el reloj apresura su marcha. Dos preocupaciones la dominan: su libro y sus poemas. Prepara *Mascarilla y trébol* pero también una *Antología poética*, que recogerá lo que ella considera lo mejor de su poesía. Sin embargo sigue con sus clases, como siempre, y le escribe a Giusti para que vote, en la elección de comisión directiva de la SADE, por ella. No puede concurrir, explica, porque tiene clase en el conservatorio. Pero vota por la lista que encabeza Enrique Banchs.[98]

De todos modos va a Mar del Plata, como acostumbra hacer siempre en el mes de marzo. En una carta a una amiga, se advierten sus preocupaciones, pero siempre aparece la disculpa: "No sé si estarás enojada conmigo, con mi silencio: si lo estuvieras tendrías y no tendrías razón. Pero no me sentía ágil en estos días. Del veraneo al trabajo... una especie de herrumbramiento de la voluntad y de disgusto de mí y de la humanidad", escribe. "Perdona, pero bien sabes que yo también tengo mis problemas y mis trabajos y mis dramas de la realidad y de la imaginación."[99]

A pesar de su febril trabajo, *Mascarilla y trébol* se retrasa, no así la antología, que aparece en editorial Espasa-Calpe.

Quedan pocas huellas de estos meses en los que Alfonsina se debatió entre la vida y la muerte, pero la muerte era en todo caso la que ella misma iba a provocar cuando ya hubiera llegado al límite de sus fuerzas. En agosto le escribe a Juan Julián Lastra, aquel tierno mentor que hacía poco más de veinte años la ayudaría al llegar a Buenos Aires. ¡Parece tan poco el tiempo que pasó! Y sin embargo ya no queda casi nada. "Gracias", le dice. Porque ha leído los versos que Lastra le dedica en el número de *Nosotros* de agosto de 1937. Como se ha demorado en escribirle, algo tan contrario a su costumbre, se excusa y dice: "Desde entonces estoy por escribirle día a día. Gracias. Gracias de nuevo. Esperaba la antología para hacerle llegar estas líneas y aquélla. Esa tardó en salir meses. Trabajos, pereza, desabrimientos volitivos hicieron lo demás. Perdón y un fuerte apretón de manos de Alfonsina".[100] Es, sin duda, una despedida.

Como éstas, habrá muchas. Por ejemplo, el sábado 15 de octubre visita al director de la Comisión Nacional de Cultura, Juan José de Urquiza. El mismo que la oyó contar su experiencia teatral en el camarín de Camila Quiroga. Alfonsina llegó apurada, tenía que hacer varias diligencias, entre ellas sacar su pasaje de tren para viajar el martes siguiente a Mar del Plata. Lleva un ejemplar de *Mascarilla y trébol* para inscribirlo en el Concurso de Poesía. "Mientras me dedicaba un ejemplar, que conservo en mi biblioteca —dice Urquiza— me inquirió sonriente: '¿Y si uno muere, a quién le pagan el premio?' Me pareció una *boutade* su pregunta, y como tal le respondí sin tomarla en serio."[101]

Antes de viajar, llamó a Haydée Ghio y la citó en la Confitería del Gas. La llamó como para hablarle de algo especial. "Me anticipé y le conté mis problemas, dice Haydée. Me miró y no me dijo para qué me había llamado."[102] Giusti, en su homenaje, escribe acerca del "extraordinario valor de esta mujer pequeñita que con los nervios rotos por la neurastenia y la certidumbre —dice— de estar condenada por una enfermedad incurable, dispone su ajuar para el sueño eterno con una serenidad que parece sobrehumana".[103] Y algo le impide confiarse a sus amigas a esa hermana querida a la que ha recordado en su poesía, Olimpia, y que vive en Buenos Aires. "Ah, si la amáis un día sed buenos, porque huye / de la luz si la hiere. Cuidad vuestra palabra, / y la intención. Su alma, como cera se labra, / pero como a la cera el roce la destruye." Quizás esta hermana fue todas las hermanas y por eso no quiso confiar a ninguna de ellas su tremenda incertidumbre.

También le pide a Fifi ayuda, esta vez en forma de auxilio de otro tipo. La casa de Real de San Carlos, la Casita de Alfonsina. Cuando Fifi le dice que esos días tendrá visitas, le anuncia que se irá a Mar del Plata. "Esto me sorprendió, porque esa ciudad la alteraba mucho. Le pedí que no fuera. No, me contestó, me voy igual, tenés miedo de que me muera en tu casa, y me dio la dirección del lugar donde estaría en Mar del Plata."

El domingo 16 de octubre se publica en *La Nación* su "Romancillo cantable".

> *Para fin de septiembre,*
> *cuando me vaya,*
> *urraquita, el que quiero*
> *vendrá a tu cátedra.*

> *...A mi flauta,*
> *mi rana,*
> *que a lo Debussy toque*
> *bajo su cama.*

En este mismo cuarto
será su sueño,
y la misma persiana
le hará su cuento:

"Pasando el río grande,
esa que te ama
no se muere. . .
verdea como las ramas."

Ese mismo día se encuentra, en su acostumbrado paseo por el Tigre, con su amiga la poetisa Margarita Abella Caprile. Esta le elogia su poema, aunque se advierte en él un extraño mensaje. Alfonsina le dice que quizás sea el último que escriba, y le habla de su neurastenia, que la lleva a pensar en quitarse la vida. Margarita, muy católica, le pide que recurra a toda su energía. Alfonsina le responde que la ha gastado toda, y que no le queda más. La amiga le promete rezar por ella.

Los dos días siguientes se van en preparativos. Alfonsina está triste, y va a la estación Constitución acompañada de su hijo Alejandro y de la señora Luisa Oriolo de Pizzigatti, dueña del hotel donde acostumbra alojarse en Mar del Plata, en la calle Tres de Febrero. Son las nueve y veinticinco de la noche, y frente a la ventanilla del tren que está a punto de salir, Alfonsina dice con voz serena: "Me voy contenta". El tren empieza a moverse, y Alfonsina se besa los dedos en un gesto de despedida. "Escríbeme, Alejandro, lo voy a necesitar."[104]

Alejandro le escribe dos cartas: el 19 sale la primera y el 22 otra, y recibe dos respuestas, cuya ambigüedad habla de que la decisión de la muerte podría haber sido ahuyentada.

"Sueñito mío, corazón mío, sombra de mi alma, he recuperado el sueño, ya es algo. Dormí en el tren toda la noche. Te escribo ésta recostada en mi sillón, la mano sin apoyo. El apetito mejor, pero sigo con una gran debilidad.

Lo mental es lo que está todavía debilísimo. ¡Ay mis de-
presiones! Y qué temor me dan. Pero hay que confiar; si el
cuerpo se levanta puede que lo demás también. Te abraza
largo y apretado, Alfonsina."

Pero es la segunda carta, escrita el día veinticuatro, la
más penosa:

"Querido Alejandro: Te hago escribir con mi mucama;
pues anoche he tenido una pequeña crisis y estoy un poco
fatigada, solamente para decirte que te adoro, que a cada
momento pienso en ti, nada más por ahora para no cansar-
me e insisto en decirte que te adoro, sueña conmigo, lo
necesito. Besitos largos, Alfonsina".

En el hotel San Jacinto de Mar del Plata, no hay huéspe-
des. Solamente una mucamita, Celinda Abarza, y el cuida-
dor, José Porto. El jueves 20 pasa el día sentada en la galería, rodeada de plantas y enredaderas que, a pesar de la
temperatura, están en flor porque ya es primavera. Se envuelve en un poncho catamarqueño y escribe todo el día
en un cuaderno de tapas de hule. Luego, al día siguiente, el
dolor en el brazo que la aqueja en los últimos tiempos se
vuelve insoportable y toma calmantes. El sábado lleva al
correo una carta. Es su poema, ahora sí el último, "Voy a
dormir". El domingo por la noche sufre un ataque muy
fuerte, y sus acompañantes llaman al médico. Celinda contará que después de la visita de aquél, el rostro de Alfonsina había cambiado de expresión.

Algunos dicen que este médico, conocido de antes, el
doctor Serebrinsky, le habría corroborado su condena de
muerte. También se dice que esa tarde, la del lunes, Alfonsina salió de la casa a buscar un revólver. Una reciente re-
glamentación impedía que se vendieran armas a particulares. Esa noche hace que Celinda escriba la carta para Alejandro. A las once y media la mucama se retira, dejándola
lista para dormir. Los momentos que siguieron a esta des-

pedida tienen que haber sido tremendos, de lucha consigo misma, pero al mismo tiempo de frialdad y premeditación. Porque hubo otras cartas, otras señales. Entre ellas, la nota que escrita con tinta roja dejó en su habitación vacía, y que decía con letra temblorosa: "Me arrojo al mar". Otra, la carta que, dirigida a Manuel Gálvez, dice así:

"Señor Gálvez: Estoy muy mal. Por favor, mi hijo tiene un puesto municipal, yo otro. Ruéguele al Intendente en mi nombre que lo ascienda acumulándole mi sueldo. Gracias. Adiós. No me olviden. No puedo escribir más. Alfonsina".

La letra de esta carta habla de la imposibilidad física y también de la terrible lucha consigo misma.

Hacia la una de la madrugada del martes veinticinco de octubre Alfonsina dejó su habitación y salió de la casa. Esa noche, Alejandro, su hijo, no pudo dormir. Trató de conciliar el sueño, pero le resultó difícil. A la mañana lo llamó la señora de Pizzigatti, que se había comunicado con Mar del Plata, para decirle que Alfonsina estaba bien, aunque muy cansada.

Esa mañana, en Mar del Plata, Celinda había golpeado en vano la puerta del dormitorio de Alfonsina para llevarle el desayuno. Pero decide dejarla descansar. Cuando llama la señora de Pizzigatti es informada de que Alfonsina duerme, y eso es lo que trasmite a Alejandro. Pero hacia el mediodía la noticia ya se conoce. Alejandro la escucha por la radio, y poco después lo llama por teléfono José Porto, que le confirma lo que ya sabía.

Esa tarde, los diarios titulan sus ediciones con la noticia: "Ha muerto trágicamente Alfonsina Storni, gran poetisa de América". La noticia sorprende a todos, y se empeñan en reconstruir los acontecimientos.

Los hechos fueron más o menos así. A las ocho de la mañana dos jóvenes, Atilio Pierini y Oscar Parisi, obreros de la Dirección de Hidráulica, que trabajan en la construcción de los espigones de la playa La Perla, notaron que a unos doscientos metros de la playa flotaba algo que podía ser una persona. Pierini se arrojó al agua, mientras que Parisi dio aviso a personal de la comisaría 1ª y de la Subprefectura; dos cabos, Antonio Santana y Dámaso Castro, ayudaron a Pierini a acercar el cadáver hasta la orilla... Allí descubren que se trata de una mujer que vestía ropas de buena calidad y cuyo cadáver había estado pocas horas en el agua.

De inmediato se la llevan en ambulancia hasta la morgue del hospital de Mar del Plata. Allí, con la cara tapada, la encuentra el doctor Silvio Bellati, a quien le avisaron del hallazgo. Todavía nadie había reparado en la identidad de la muerta. Pero el doctor Bellati, al destapar el rostro, reconoció a Alfonsina. La noticia causó estupor. Luego se reconstruyó la muerte: Alfonsina debió lanzarse al mar desde la escollera del Club Argentino de Mujeres —el lugar donde tantas veces leyera sus poemas—, a unos casi doscientos metros de la costa. Sobre la escollera fue hallado uno de sus zapatos, que seguramente se enganchó con los hierros al arrojarse.

A las tres de la tarde el cadáver fue retirado de la morgue y se inició un homenaje en el Colegio Nacional, en el que desfilaron autoridades, alumnos de colegios, periodistas. A las 20.30 el ataúd llegó a la estación Norte del ferrocarril. La gente le llevaba flores. Así fue embarcado rumbo a Buenos Aires, adonde llegó al día siguiente a las siete y treinta de la mañana.

La llegada a Constitución fue absolutamente conmovedora. Al llegar y retirarse el ataúd del furgón, dos filas de niños, alumnos del Instituto Lavardén, formaron para dejarle paso. Lo tomaron para conducirlo Alejandro Storni, Arturo Capdevila, Enrique Banchs, Fermín Estrella Gutiérrez y su amigo de toda la vida, Manuel Ugarte. Fue trasladado al Club Argentino de Mujeres, en la calle Maipú al 900 y allí se inició el interminable desfile de los amigos. Las rosas blancas que Alfonsina tenía en sus manos fueron el ferviente homenaje de su amigo Ugarte. A las cuatro y media se inició el cortejo hacia la Recoleta.

Dice el diario *Crónica* que "con un acompañamiento que crecía en el desfile, tomó el cortejo por la plaza San Martín, para seguir por Arenales y Libertad hasta la avenida Quintana. El público no cesaba de sumarse y en los balcones, puertas y veredas del itinerario aparecían espectadores emocionados. El cortejo tardó una hora en llegar a la Recoleta, donde aguardaban las autoridades nacionales. El doctor Sagarna, juez de la Suprema Corte, que tanto había admirado a Alfonsina; autoridades de educación, y todos los escritores y artistas, representasen o no institución alguna, atraídos por el cariño o por la admiración. Enrique Larreta, Ricardo Rojas, Enrique Banchs, Arturo Capdevila, Manuel Gálvez, Baldomero Fernández Moreno, Oliverio Girondo, Eduardo Mallea, Alejandro Sirio, Augusto Riganelli, Carlos Obligado, Atilio Chiappori, Horacio Rega Molina, Pedro M. Obligado, Amado Villar, Leopoldo Marechal, Centurión, Pascual de Rogatis, López Buchardo.

El primero en hablar fue Manuel Ugarte, en nombre de la Sociedad Argentina de Escritores, y sus palabras reflejaron el hondo respeto por la persona: "Alma de luz, alma de cerezo florecido, Alfonsina fue buena, fundamentalmente buena. Tuvo la ingenua y libre sinceridad de la naturaleza y de los niños. Y era tan limpia la inspiración inicial, que, hasta en el trato corriente, que ella matizaba de paradojas desconcertantes, aparecía en todo momento el ser superior, el espíritu refinado y supremo que pronunció las palabras más sencillas y perdurables que hemos oído en América". Y terminó diciendo: "Nos encontramos frente a la muerte. Sólo podemos decir que hemos perdido a la mejor amiga, a la más comprensiva, a la más cordial. Se ha hundido una cúspide, la voz más alta, y más pura de la poesía castellana contemporánea. Si queremos mitigar nuestra pena sólo nos queda la convicción de que para recibir a Alfonsina hay un temblor de hojas primaverales en los bosques de la eternidad". También hablaron Claudio Martínez

Payva, por la Sociedad Argentina de Autores; Luis Cané, por el Círculo de Artes y Letras; Lola Martínez Pita, por el Club Argentino de Mujeres; la señora María Rega Molina de Méndez Caldeira por el Instituto de Lenguas Vivas, y otros representantes de Instituciones.

Ese miércoles 26 de octubre terminó cuando, al anochecer, los últimos oradores cerraron el acto de homenaje y los restos de Alfonsina fueron conducidos a la bóveda de la familia Botana. Allí quedaron, y ese mismo día, por la mañana, el pueblo de Buenos Aires, el mismo que se asomó a los balcones y arrojó flores a su paso, pudo leer en el diario *La Nación*, el poema de despedida:

> *Dientes de flores, cofia de rocío,*
> *manos de hierbas, tú, nodriza fina,*
> *tenme puestas las sábanas terrosas*
> *y el edredón de musgos escardados.*
>
> *Voy a dormir, nodriza mía, acuéstame.*
> *Ponme una lámpara a la cabecera,*
> *una constelación, la que te guste,*
> *todas son buenas; bájala un poquito.*
>
> *Déjame sola: oyes romper los brotes,*
> *te acuna un pie celeste desde arriba*
> *y un pájaro te traza unos compases*
>
> *para que olvides. Gracias. . . Ah, un encargo,*
> *si él llama nuevamente por teléfono*
> *le dices que no insista, que he salido. . .*

Alfonsina pudo planear los detalles de su muerte: lugar, momento, la manera, enviar este poema manuscrito un día antes de morir para que su aparición coincidiera con la noticia de su muerte... Pero no pudo, en cambio, disponer de los detalles de su cortejo fúnebre, ni de la pena que dejó en los corazones: de su hijo, que la recuerda, feliz de no haberla visto deteriorada, porque sabe que a ella no le hubiera gustado; de sus amigas, algunas de las cuales todavía repiten con el dolor de la pérdida temprana e injusta, "era encantadora".

Las razones de su suicidio quedan absolutamente claras si se las encuadra dentro de la solución a una enfermedad incurable, es decir, al cáncer, que en aquella época significaba un final de sufrimientos atroces o de mutilación despiadada. Horacio Quiroga, Florencio Parravicini son suicidas que por aquella época dicen que no a más sufrimientos. Lugones, en cambio, es un suicida que elige ese camino por sus problemas interiores, es decir, por su falta de respuesta a una problemática vital muy particular. Entre las leyendas que persiguen a Alfonsina después de muerta, una consiste en decir que Lugones y ella planearon matarse juntos en el Tigre, y que ella a último momento desistió. Lo cierto es que la hipótesis de la enfermedad lucha contra otra, la de la neurastenia y la desesperación vital, a la que la misma Alfonsina alienta en sus cartas. "Dificultades volitivas", le dice a Lastra, y lo más probable es que las dos cosas hayan ido juntas. Quizás la melancolía hizo de su recaída posible una realidad, cuando todavía no había certezas suficientes. Quizás la enfermedad agudizó la melancolía, y ésta impidió hacer frente con otro tipo de fortaleza, no la del suicidio sino la del alivio médico, la certidumbre de un final. Lo cierto es que todavía en el homenaje se deslizan ambigüedades, presuntos secretos, confidencias que los amigos más cercanos no quieren develar.

A nosotros nos queda una pregunta. ¿Habría alguien por quien Alfonsina hubiera querido dejar de vivir? Siempre nos llamó la atención el final de su poema "Voy a dormir": "Si él llama nuevamente por teléfono / le dices que no insista, que he salido...". Un misterio poético más, al que ninguna biografía podrá llegar, ya que no hay instrumento que permita medir el contenido de unos versos.

Pero lo que sí podemos decir es que, si bien desde el punto de vista individual estos suicidios tienen sus razones, desde la perspectiva social sólo se explican en una profunda abulia interior, que por alguna razón se apoderó de los artistas y escritores. Dos años después, en 1940, Enrique Méndez Calzada también se suicida, y cabe preguntarse si habría algo en común con los otros suicidios.

El 18 de noviembre, en la Universidad de Montevideo, los amigos de la sociedad "Arte y cultura popular" le rinden su homenaje. Juana de Ibarbourou mandó unas palabras, y en ellas dice, por ejemplo, que "fue por Gabriela Mistral, para quien ella abrió el celoso secreto de su vida, que supe el drama, su implacable destino de infortunio, abatido ya sobre ella cuando era tan pequeña e inocente como una flor". María V. de Müller dice que ha perdido a una amiga insustituible; Eduardo J. Couture analiza "Voy a dormir", y Carlos Sabat Ercasty, poeta, compone para ella un soneto ("Crispa pensar tu llama, y tu vehemente / tragedia, tus abismos, tus amores..."); la poeta Esther de Cáceres descubre un aspecto de su persona: "Pienso yo que Alfonsina vivía fugando de las cosas y de sí misma, y de nosotros que apenas podíamos asomarnos a su verdad, y a la raíz de su llanto".

Volviendo un poco para atrás, cuando se había rendido homenaje a Leopoldo Lugones, Alfonsina escribió: "Un hombre que se quita la vida por rachas cuya dirección de agujas ignoramos, da con ello testimonios severos. Parece solicitar la inscripción de parecidas palabras en su lápida: 'Se ruega no declamar en esta tumba'". Y más adelante: "El mejor homenaje que pueda hacérsele a un fuerte no es enterrar su tragedia como un ramo de bellas palabras, sino tratar de penetrarla sin miedo de verdad alguna".

Como decíamos más arriba, si Alfonsina pudo disponer los detalles de su muerte, no pudo hacer lo mismo con ninguno de los homenajes que se le rindieron ni con la reacción de sus anónimos lectores. Tampoco con el afecto de sus amigos más cercanos. Quizás por ello fue que las notas cronológicas difundieron errores tales como que la poe-

tisa había vivido la mayor parte de su vida en San Juan
—en ninguna consta su nacimiento en Suiza—, y el máximo
error, casi una broma: una de ellas habla de su rostro y
menciona su origen aborigen. Esta desaprensión, propia de
un medio rendido al fulgor momentáneo de la noticia, fue
sin duda uno de los componentes de la amargura final de
Alfonsina, mezclada sin duda a otros componentes propios
de su historia. Reconocida en América y en su país, su libro *Mascarilla y trébol*, aparecido muy poco antes de su
muerte, no tuvo prácticamente respuesta de la crítica, y sin
embargo representaba no sólo un cambio en la poesía de
la autora sino también una propuesta de lenguaje que no
reconocía otra similar entre sus contemporáneos. Este
vacío involuntario pero real, esta falta de diálogo con otros
poetas de su porte, esta medianía intelectual que separaba
unos de otros a los que podían intercambiar ideas, y los
arrojaba en el encierro de su soledad es, quizás, uno de los
elementos que permiten comprender el suicidio de Alfonsina Storni.

El 21 de noviembre de 1938, el Senado de la Nación rinde homenaje a la poeta en las palabras del senador socialista Alfredo Palacios.

Y su análisis no se centra en lo personal, sino que toma
el contexto social para explicarse:

"Nuestro progreso material asombra a propios y extra-
ños. Hemos construido urbes inmensas. Centenares de
millones de cabezas de ganado pacen en la inmensurable
planicie argentina, la más fecunda de la tierra; pero frecuentemente subordinamos los valores del espíritu a los valores utilitarios y no hemos conseguido, con toda nuestra
riqueza, crear una atmósfera propicia donde puede pros-
perar esa planta delicada que es un poeta (...). Disminuir
el imperio del negocio y llevar un poco de blanco y azul a
la conciencia de las naciones: he ahí nuestra principal tarea, expresada magistralmente por nuestro magnífico poeta Leopoldo Lugones".

O sea que Palacios reconoce que, tal como lo temiera

Rubén Darío, en su "Salutación al optimista", la patria de los poetas ha sido vencida por el antiespíritu:

"En dos años han desertado de la existencia, tres de nuestros más grandes espíritus, cada uno de los cuales bastaría para dar gloria a un país: Leopoldo Lugones, Horacio Quiroga y Alfonsina Storni. Algo anda mal en la vida de una nación cuando, en vez de cantarla, los poetas parten, voluntariamente, con un gesto de amargura y de desdén, en medio de una glacial indiferencia del estado".[105]

Y volvamos mucho más atrás. A San Juan, cuando aquella niñita roba su libro de lectura, cuando se sienta en el umbral de su casa y hace como que lee, hasta que alguien descubre que tiene el libro al revés y se ríe de ella. O al recuerdo del padre ceñudo, escapándose de la vida de todos los días para buscar una riqueza inaccesible. En los recuerdos hay una enorme soledad que busca ponerle nombre a las cosas, desde el paraíso que significa la inocencia. Y allí, en esa inocencia y en el desequilibrio con el mundo que la lleva a buscar el consuelo de la poesía, está la raíz de su vocación, de su lucha de la vida contra la muerte:

"Crezco como un animalito, sin vigilancia, bañándome en los canales sanjuaninos, trepándome a los membrillares, durmiendo con la cabeza entre pámpanos".

Buenos Aires, septiembre de 1990.

178

Notas

[1] Perelli, Paulina viuda de, *Mundo Argentino*, 21 de junio de 1939.

[2] Nalé Roxlo, Conrado, y Mármol, Blanca, *Genio y figura de Alfonsina Storni*, Buenos Aires, Eudeba, 1964.

[3] Idem 2.

[4] Reportaje en *Democracia*, 1932, sin fecha.

[5] "Alfonsina, mi hermana", por Olimpia, *Vosotras*, febrero de 1957.

[6] Idem 4.

[7] Idem 2.

[8] Idem 2.

[9] *La Capital*, Rosario, sin fecha.

[10] *Crítica*, Buenos Aires, 26 de octubre de 1938.

[11] Rafael Barrett, en Pereira, Susana, *Viajeros del siglo XX y la realidad nacional*, Buenos Aires, CEAL, 1984.

[12] Cartas a Julio Cejador, en Nalé Roxlo, Conrado, y Mármol, Blanca, *Genio y figura. . .*

[13] Pozzo Ardizzi, "De fabricante de gorras a poetisa", *El Hogar*, Buenos Aires, 25 de mayo de 1928.

[14] De una nota de *La Capital*, de Rosario, sin fecha ni autor.

[15] Nalé Roxlo, C., y Mármol B., obra citada.

[16] Hernández, Jorge Alberto, "Los años corondinos de Alfonsina Storni", *Apertura*, Santa Fe, N° 2, diciembre de 1965.

[17] Idem 16.

[18] Storni, Alejandro, "Prólogo" a Storni, Alfonsina, *Poesías*, Buenos Aires, Eudeba, 1961.

[19] Pérez Amuchástegui, A. J., "Mentalidad del porteño", *Mentalidades argentinas*, Buenos Aires, Eudeba, 1965.

[20] Clemenceau, George, "Crónicas de Buenos Aires", en Busaniche, José Luis, *Estampas del pasado*, Buenos Aires, Solar/Hachette, 1971.

[21] Idem 20.

[22] Nalé Roxlo, C., y Mármol, B. obra citada.

[23] Visillac, Félix B., "Cómo conocí a Alfonsina Storni", Buenos Aires, *La Prensa*, 19 de abril de 1953.

[24] Carta inédita a Leopoldo Lugones, publicada por León Benarós.

[25] Gálvez, Manuel, *Recuerdos literarios*, Buenos Aires, Solar/Hachette, 1962.

[26] Giusti, Roberto, "Alfonsina Storni", en *Literatura y vida*, Buenos Aires, Nosotros, 1939, conferencia pronunciada el 16 de noviembre de 1938.

[27] Carta a Juan Julián Lastra, Buenos Aires, *La Nación Revista*, 6 de agosto de 1972.

[28] Nalé Roxlo, Conrado, "Cómo la conocí a Alfonsina", Buenos Aires, *Vosotras*, 25 de enero de 1957.

[29] Nalé Roxlo, C., y Mármol, B., obra citada.

[30] Visillac, Félix B., nota citada.

[31] Storni, Alejandro, obra citada.

[32] Estrella Gutiérrez, Fermín, "Alfonsina Storni, su vida y su obra", Boletín de la Academia Argentina de Letras, 1959, tomo XXIV.

[33] Nalé Roxlo, C., y Mármol, B., obra citada.

[34] Idem 33.

[35] Idem 33.

[36] Idem 33.

[37] "Impresiones de Montevideo", Storni, Alfonsina, Buenos Aires, *El Social*, sin fecha.

[38] Ibarbourou, Juana de, "Recuerdo de Alfonsina", Homenaje de la Segunda Jornada de Poesía, Piriápolis, 1957, publicado en *Clarín*, Buenos Aires, jueves 3 de abril de 1980.

[39] Storni, Alfonsina, "La armonía femenina", Rosario, *La Capital*, 18 de mayo de 1920.

[40] Jitrik, Noé, *Horacio Quiroga, una obra de experiencia y riesgo*, Buenos Aires, ECA, 1959.

[41] Delgado, J. M., y Brignole, A. J., *Vida y obra de Horacio Quiroga*, Montevideo, Biblioteca Rodó, 1938.

[42] Quiroga, Horacio, *Cartas inéditas*, Instituto de Investigaciones y Archivos Literarios, Montevideo, 1942.

[43] Idem 42.

[44] Idem 42.

[45] Idem 42.

[46] Nalé Roxlo, C., y Mármol, B., obra citada.

[47] Rodríguez Monegal, Emir, *El desterrado: Vida y obra de Horacio Quiroga*, Buenos Aires, Losada, 1968.

[48] Rodríguez Monegal, Emir, obra citada.

[49] Delgado, J. M., y Brignole, A. J., obra citada.

[50] Entrevista a Haydée Ghio, julio, 1990.

[51] Nalé Roxlo, C., y Mármol, B., obra citada.

[52] Rodríguez Monegal, Emir, obra citada.

[53] Delgado, J. M., y Brignole, A. J., obra citada.

[54] Giusti, obra citada.

[55] Carta a Roberto J. Giusti, en el Archivo de la Academia Argentina de Letras.

[56] Rúas, Enrique M., "La poetisa Alfonsina Storni", reportaje en *Mundo Argentino*, Buenos Aires, 1924.

[57] Pozzo Ardizzi, Luis, reportaje citado.

[58] González Arrilli, Bernardo, "Cómo viven nuestros poetas", reportaje en *Caras y Caretas*, Buenos Aires, 24 de mayo de 1924.

[59] "Qué opina Ud. de la sensacional pelea de mañana", Buenos Aires, *La Acción*, 13 de septiembre de 1923.

[60] "Alfonsina Storni frente al mar", Buenos Aires, *Caras y Caretas*, enero de 1924.

[61] Nota publicada en *El Plata*, Quilmes, 16 de noviembre de 1924.

[62] "Cuatro poetisas en Mar del Plata", Buenos Aires, *Caras y Caretas*, marzo de 1925.

[63] Mar del Plata, en un diario de la época, sin indicación.

[64] Estrella Gutiérrez, F., obra citada.

[65] Carta a María Luisa Albornoz.

[66] Reportaje en medio no identificado.

[67] Buenos Aires, *Crítica*, sin fecha.

[68] Estrella Gutiérrez, F, obra citada.

[69] Mujica Láinez, Manuel, Diario inédito.

[70] Mistral, Gabriela, Santiago, Chile, *El Mercurio*, julio de 1926.

[71] Storni, Alfonsina, "El derecho de engañar y el derecho de matar", *Mundo Argentino*, 28 de abril de 1920.

[72] Storni, Alfonsina, "Deben casarse los enfermos", *Mundo Argentino*, Buenos Aires, 23 de junio de 1926.

[73] Nalé Roxlo, C., y Mármol, B., obra citada.

[74] Crónicas del estreno de *El amo del mundo*, en diarios *La Nación*, *La Prensa* y *Crítica*, mes de marzo de 1927.

[75] Singerman, Berta, *Mis dos vidas*, Buenos Aires, Tres tiempos, 1976.

[76] Estrella Gutiérrez, F., obra citada.

[77] De la Fuente, Ernesto, "La poesía y la prosa de Alfonsina Storni", reportaje en *El Suplemento*, 1928.

[78] Nalé Roxlo, C., y Mármol, B., obra citada.

[79] Storni, Alfonsina, "Diario de navegación", *La Nación*, diciembre de 1929/enero de 1930.

[80] Buenos Aires, *Crítica*, 16 de mayo de 1931, reportaje a Alfonsina Storni.

[81] Singerman, Berta, obra citada.

[82] Storni, Alfonsina, "Diario de una ignorante", Buenos Aires, *La Nación*, 30 de julio de 1933.

[83] Storni, Alfonsina, "Psicología de dos centavos", Buenos Aires, *Crítica*, 4 de abril de 1931.

[84] Entrevista a Julieta Gómez Paz, septiembre de 1990.

[85] *Crítica*, sin fecha.

[86] Entrevista a María Sofía Kusrow, septiembre de 1990. Lorenzo Alcalá, "Recordando a Alfonsina", revista *Carta Política*, Buenos Aires, 1979.

[87] Carta a Enrique Amorim, en García Lorca, Federico, *Obras completas*, Madrid, Aguilar, 1986.

[88] Cartas a María V. de Müller. Entrevistas a Julio Bayce y a Nilda V. de Müller. Montevideo, agosto de 1990. Bayce, Julio, *Arte y Cultura*, Montevideo, 1989.

[89] Storni, Alfonsina, "El miedo al ridículo en el argentino, una valla seria", reportaje en *Crítica Revista*, 18 de mayo de 1935.

[90] "Examen quirológico", Buenos Aires, *El Hogar*, 20 de mayo de 1932.

[91] Storni, Alfonsina, "Film marplatense", Buenos Aires, *Crítica*.

[92] Urquiza, Juan José de, "Alfonsina Storni frente al público", Buenos Aires, *La Nación*, 16 de agosto de 1975.

[93] Martínez Estrada, Ezequiel, *El hermano Quiroga*, Montevideo, Arca, 1966.

[94] Nalé Roxlo, C., y Mármol, B., obra citada.

[95] Entrevista a Idea Vilariño, Montevideo, agosto de 1990.

[96] Ibarbourou, Juana de, nota citada.

[97] Storni, Alejandro, obra citada.

[98] Carta a Roberto J. Giusti, Archivo de la Academia Argentina de Letras.

[99] Carta a Chiquita (una amiga).

[100] Carta a Juan Julián Lastra, *La Nación*, fecha citada.

[101] Idem 92.

[102] Entrevista a Haydée Ghıo.

[103] Giusti, obra citada.

[104] En relación con la muerte fueron consultados los diarios *La Nación*, *Crítica*, *Noticias Gráficas*, *La Prensa*, *El Mundo*, del 25 y 26 de octubre de 1938. Carta a Manuel Gálvez, Archivo de la Academia Argentina de Letras. Storni, Alejandro, Buenos Aires, *Brigitte*, Año N° 1, 12 de junio de 1980.

[105] Boletín de la Cámara de Senadores, Buenos Aires, 21 de noviembre de 1938.

Algunas referencias corresponden a recortes facilitados por particulares, y por ello no registran la fecha exacta pero sí la indicación de fuente. En otros casos, no ha sido posible recuperar el origen, pero lo signficativo de la cita hizo que dejáramos de lado este defecto.

Indice

Esta edición
se terminó de imprimir en
I.P.A.S.P.
Ombú 1461, Florida,
en el mes de noviembre de 1991.